U0627847

毛泽东
读书心得

毛泽东
读书心得

毛泽东
品书论人

卢志丹 ◎著

国际文化出版公司
·北京·

图书在版编目（CIP）数据

毛泽东品书论人 / 卢志丹著. —北京：国际文化出版
公司，2013.12
ISBN 978-7-5125-0571-1

Ⅰ.①毛… Ⅱ.①卢… Ⅲ.①毛泽东著作研究—古典
文学—中国 Ⅳ.①A841.691

中国版本图书馆CIP数据核字（2013）第249297号

毛泽东读书心得·毛泽东品书论人

作 者	卢志丹	
责任编辑	赵 辉	
统筹监制	葛宏峰 刘 毅 刘露芳	
策划编辑	周 贺	
美术编辑	丁鋪煜	
出版发行	国际文化出版公司	
经 销	国文润华文化传媒（北京）有限责任公司	
印 刷	三河市嵩川印刷有限公司	
开 本	700毫米×1000毫米　　16开	
	12.5印张　　　　147千字	
版 次	2013年12月第1版	
	2020年9月第2次印刷	
书 号	ISBN 978-7-5125-0571-1	
定 价	31.20元	

国际文化出版公司
北京朝阳区东土城路乙9号　邮编：100013
总编室：（010）64271551　传真：（010）64271578
销售热线：（010）64271187
传真：（010）64271187-800
E-mail：icpc@95777.sina.net
http://www.sinoread.com

目　录

毛泽东品鉴古典文学

毛泽东品书论人

毛泽东品赏《诗经》

　　《诗经》是毛泽东一生非常喜爱的古典作品。经考证，毛泽东是西汉传授《毛诗》的毛苌的后裔。毛泽东从少年到晚年，熟读《诗经》，随处灵活引用，对《诗经》进行过多次新颖独到的品评；在自己的诗词创作中，他对《诗经》的艺术传统，也进行了继承和革新。

毛苌后裔，传经世家

　　湖南省湘潭县韶山毛姓是当地较大的宗族，宗族祠堂悬挂着题为"传经世家"的匾额。据中国诗经学会会员、今居浙江衢州的毛苌第七十三世后裔毛井根先生多年考证，湖南湘潭韶山毛氏宗族，与他们浙江衢州的毛氏宗族，同奉西汉传授《毛诗》的毛苌为始祖，都自称"传经世家"，毛泽东是毛苌的后裔。

　　周初分封，文王姬昌第八子叔郑封于毛国，封地在今陕西岐山，以国为氏，这是毛姓的起源。西周亡，贵族东迁，毛国先后封于今河南宜阳、原阳，春秋时毛伯被狄人俘虏而国亡。第二十二世毛遂依附于赵国平原君。叔郑传第三十九世毛亨，就学于兰陵荀子习《诗》，因秦焚书坑儒，亨无子，携侄毛苌至河间，传《诗故训传》。今河间仍有毛公书院、诗经村、君子馆等遗迹。

　　汉兴，河间献王刘德好学修古，征书求贤，聘毛苌为博士，开馆传授《诗经》。汉初传《诗》有鲁、齐、韩、毛多家。唯有毛苌所传留于后世，今日的《诗经》就是毛苌所传的《毛诗》。

毛公的后人在河间诗经村居住到魏晋时代，由于北方游牧民族的入侵，不愿忍受异族的统治，毛氏离乡南迁，其中主支辗转迁至浙江衢州。宋朝时衢州毛氏分出一支迁至江西。元明之际江西毛氏中有人参军平定云南，由明朝封赏在湖南湘潭做官，在明清数百年间繁衍成韶山冲一带的毛姓宗族。衢州、江西、湘潭三地的毛氏祠堂都悬挂"传经世家"匾额，他们同出于毛公一系，有宗牒族谱记载始末。

毛泽东虽出生于农民家庭，但与当时中国大多农家不同的是，由于家庭的文化传统，他与兄弟们达到学龄都被送去读书。他们的名字（泽东、泽民、泽覃）也是按照族谱制定的辈序起的。毛氏宗祠门联"注经世业，捧檄家声"，毛震公祠联"声驰捧檄，编衍传经"，乃至"风雅诗宗，廉洁世望"等题词的含义和由来，毛泽东当然是知道的。

家族奉传《诗经》的毛苌为始祖，而塾学又以《诗经》为必读读本，兼之喜爱诗文，所以，毛泽东从幼年起便熟读《诗经》，以后在工作和社会交往中也时常引用或评论，直到晚年还能默写和背诵。

毛泽东对《诗经》的引用和品评

毛泽东从少年时期到考入长沙的湖南省立师范学校，《诗经》一直是他喜欢阅读的古典文学作品。

1913 年，毛泽东在省立第四师范学校就读时，在他的《讲堂录》里，就记载了这样的句子：

农事不理则不知稼穑之艰难，休其蚕织则不知衣服之所自。《豳风》陈王业之本，《七月》八章只曲详衣食二字。

这是毛泽东对《豳风·七月》诗旨的理解。"陈王业"之说，是《诗经》的传统说解，2000 年《诗经》学的不同学派，《毛诗序》《毛诗正义》、朱熹《诗集传》、方玉润《诗经原始》对这篇诗的解说基本一致。

毛泽东吸取了"王业之本"的传统说解，又简明概括地总结为"《七月》八章只曲详衣食二字"，即治理天下（王业）要以解决人民衣食问题为根本。

1915 年秋天，毛泽东在湖南省立第一师范学校读书，他向长沙各学校的学生发出一份《征友启事》，这份启事有 200 多字，文中有"效嘤鸣之求，步将伯之呼"的句子，结尾处又引用《诗经·小雅·伐木》中的诗句："嘤其鸣矣，求其友声。"

《伐木》原诗三章，引文在第一章："伐木丁丁，鸟鸣嘤嘤。出自幽谷，迁于乔木。嘤其鸣矣，求其友声。相彼鸟矣，犹求友声。……"

同年 9 月 27 日，毛泽东在致萧子升（萧瑜，萧三的哥哥）信也说：

近以友不博，则见不广；少年学问寡成，壮岁事功难立。乃发内宣，所以效嘤鸣而求友声……

1915 年 11 月 9 日，毛泽东不满长沙压制思想自由的环境和就读的师范学校的守旧课程，写信给去北京师大任教的原师范学校教员黎锦熙先生说：

弟在学校，依兄所教言，孳孳不敢叛。然性不好束缚，终见此非读书之地。意志不自由，程度太低，侪侣太恶。有用之身，宝贵之时日，逐渐摧落，以衰以逝，心中实大悲伤。昔朱子谓"不能使船者嫌溪曲"，弟诚不能为古人所为，宜为其所讥；然亦有"幽谷乔木"之训。

如此等学校者，直下下之幽谷也。必欲弃去，就良图，立远志，渴望兄归，一商筹之。

此信中的"幽谷乔木"，化用自《诗经·小雅·伐木》中的"伐木丁丁，鸟鸣嘤嘤，出自幽谷，迁于乔木"。幽谷是深谷，乔木是高大的树木。诗以嘤鸣起兴。毛泽东用于比喻要从束缚自由的深谷飞向高耸的乔木，到广阔的天地去寻求志同道合的战友，赋予了诗句全新的含义。

1920 年 3 月 14 日，毛泽东在致周世钊信中说：

像吾等长日在外未能略尽奉养之力的人，尤其发生"欲报之德，昊天罔极"之痛。

这里引的是《诗经·小雅·蓼莪》里的句子，贴切地表达了毛泽东为寻求真理而不能在父母身边尽孝的歉疚之情。

1964 年 8 月 18 日，毛泽东在北戴河同哲学工作者的谈话中，对《诗经》有一番评述：

司马迁对《诗经》品评很高，说诗三百篇皆古圣贤发愤之所为作也。大部分是风诗，是老百姓的民歌。老百姓也是圣贤。"发愤之所为作"，心里没有气，他写诗？"不稼不穑，胡取禾三百廛兮！""不狩不猎，胡瞻尔庭有悬貆兮？""彼君子兮，不素餐兮"，"尸位素餐"就是从这里来的。这是怨天，反对统治者的诗。孔夫子也相当民主，男女恋爱的诗他也收。朱熹注为淫奔之诗。其实有的是，有的不是，是借男女写君臣。五代十国时蜀国的韦庄，有一首少年之作，叫《秦妇吟》，是怀念君王的。

从毛泽东对《诗经》的这段评论中，可以看出以下几层含义。

其一，毛泽东肯定司马迁的发愤著书说。司马迁在《史记·太史公自序》中从古人的著述总结出"发愤著书"这一创作理论。毛泽东赞同这个创作理论。他说："心里没有气，他写诗？"这与西方诗论"愤怒出诗人"是一致的。毛泽东引《魏风·伐檀》诗为例，结论说："这是怨天，反对统治者的诗。"这与孔夫子"兴观群怨"说的"怨"字是一致的。

其二，毛泽东提出风诗"是老百姓的民歌"。司马迁说"诗三百篇皆圣贤发愤之所为作"，这句话历来很难解，因为《国风》160篇之中有许多怨刺诗、民俗诗、爱情婚姻诗，包括被道学家朱熹之类斥责的"淫诗"，怎么能说是"圣贤所为作"呢？毛泽东四两拨千斤地说"老百姓也是圣贤"，这样就讲通了。"老百姓的民歌"，不专指劳动人民，包括当时社会各阶层的群众，从不在朝做官的小贵族、自由民到贩夫走卒。这个说法是比较符合实际的。

其三，毛泽东对孔子选编《诗经》的思想做了一些肯定。他说："孔夫子也相当民主，男女恋爱的诗他也收。"再结合上文，孔夫子也收了"怨天，反对统治者的诗"。不也是民主吗？毛泽东在这里说的"民主"，当然不是现代的政治概念，只是说孔子很少封建礼教的死脑筋，不反对男女恋爱，也同情和支持老百姓反对"尸位素餐"的统治者。其实在孔子时代，还没有男女严防的礼教。《国风》的诗是那个时代的反映，编选这样的诗而且配乐，是为了"观风俗，知民情"，是孔子"兴观群怨"的"观"字的体现。反对害民、虐民的统治者，是孔子仁政思想的核心，编选这样的诗篇也能够对统治者起到讽劝和警诫的作用。

其四，毛泽东不同意朱熹的"淫诗"之说。朱熹的《诗集传》把

《国风》中男女欢爱之诗称为"淫奔之诗"，他的再传弟子王柏更进一步统称其为"淫诗"，抡起板斧从《诗经》中删除。这是在宋代兴起的封建礼教作怪，明显是基于存天理、灭人欲的理学家的立场。毛泽东是不同意这种评价的。毛泽东指出《诗经》中收集的有关男女恋爱的诗，有的是"借男女写君臣"的。虽然从文学批评史上看，在这一点上有争议，但从《诗经》以后的诗歌创作来看，也确实存在着一个借男女写君臣的比喻模式。况且毛泽东对此也没有说全部都是，而是说"有的是，有的不是"，可见他的评论是非常谨慎和客观的。

毛泽东对《诗经》的爱好和活用一直伴随到晚年。在权延赤所著的《红墙内外》中记载了这样一则饶有趣味的故事：

1965 年夏，毛泽东去北戴河开会，姚淑贤当时是毛泽东专列上的服务员。列车启动以后，毛泽东在客厅里忽然立住脚，对所有的工作人员说："今天是礼拜六哦，你们还没有约会？"

大家都微笑摇头。但姚淑贤听到这话后，身子一热，产生出一种温暖的感觉，那是女儿在父亲身边才会有的感觉，所以就忘乎所以地冒出一句："有。我有。"

毛泽东含着微笑逗趣地问："跟什么人约会？"

姚淑贤腼腆地说："跟男朋友。"

毛泽东着急地说："哎呀，糟糕。搅了你们的好事。你通知他了吗？"

"没有。"姚淑贤答道，"没事的。他知道我常有任务，会理解的。"

毛泽东摇摇头嘀咕着说："久了会出误会的，不要因为我而影响你们。"

姚淑贤很后悔说实话，让主席替她担心。

晚上，当姚淑贤给主席送去削好的铅笔时，主席若有所思地望着她，目光一闪，忽然说：

"小姚，你等等。有个东西你拿回去给你的朋友看看，你的朋友就不会生气了。"

毛泽东拿出一支铅笔，铺开一张白纸，开始伏案书写，原来是一首古诗。诗曰：

> 静女其姝，俟我于城隅。
> 爱而不见，搔首踟蹰。

姚淑贤接过诗反复读了两遍，大致明白了意思，不由得脸红，并小声对毛泽东说："主席，我们有纪律。凡是带字的东西都必须上交。"

"你为什么那么老实？现在又没有谁看到，我是不会打小报告的。"毛泽东幽默地挤一挤眼，笑笑，做个手势，说，"藏起来，带给他。"

毛泽东书写的这首古诗，是《诗经·邶风·静女》中的一章。《静女》这篇诗，就被朱熹指责"淫奔"，也是要被王柏砍掉的"淫诗"。毛泽东抄下来送给恋爱中的青年，可见他是喜爱这首诗作的。

后来姚淑贤从北戴河回到北京，便把毛泽东手书的这首诗交给男朋友看，并讲了失约的原因。她的男朋友很激动，嘱咐她一定要好好为毛主席服务。

1973年7月17日，毛泽东会见美籍华裔科学家杨振宁博士，在谈话中说到《诗经》的历代注疏和"诗无达诂"的问题。他说："《诗经》是2000多年以前的诗歌，后来做注释。时代已经变了，意义已不一样。这或许是'诗无达诂'的意思吧！"

毛泽东这段评论，提出了《诗经》阐释学的一个大问题：由于时代不同，人们对许多作品的意义会有不同的理解，从而做出不同的阐释。"诗无达诂"，本来是西汉董仲舒《春秋繁露》中的一句话。毛泽东学《诗经》是读过各家注释的，他注意到由于时代变化而产生不同解释，这是历史唯物论的观点。

毛泽东对《诗经》艺术经验的借鉴与革新

作为现代伟大诗人，毛泽东的诗词创作对《诗经》艺术经验也有所借鉴和革新。

1957 年，毛泽东为《诗刊》的题词是"诗言志"三个字。这三个字初见于《尚书·尧典》："诗言志，歌永言，律和声。"何谓"志"？东汉学者郑玄注："诗所以言人之志，意也。"《史记·五帝本纪》引作"诗言意"。"意"，指怀抱、情感等心灵的活动。诗就是把内心的思想感情通过生动的语言形式表现出来。先秦诸子著述中普遍认同"诗言志"，如《庄子·天下篇》："诗以道志。"《荀子·儒效篇》："诗言是其志也。"《左传·襄公十七年》："诗以言志。"所以朱自清称"诗言志"是中国古代诗论的"开山的纲领"。

毛泽东的诗词创作为"诗言志"赋予了新的内涵，即他用诗词抒无产阶级革命之情，言无产阶级革命之志。毛泽东把这个纲领用作《诗刊》的题词，是对我国社会主义诗歌创作的普遍要求。

"《诗经》学"有"六义"之说：风、雅、颂是《诗经》的三种诗体，赋、比、兴是《诗经》的三种艺术表现方法。古人从《诗经》305 篇的艺术经验中总结出赋、比、兴三种表现方法，为中国 2000 多年的诗歌创作所继承和发展。

1965 年 7 月，毛泽东在与陈毅元帅谈诗的一封信中说：

诗要用形象思维，不能如散文那样直说，所以兴是不能不用的。赋也可以用。如杜甫之《北征》，可谓"敷陈其事而直言之也"，然其中也有比、兴。"比者，以彼物比此物也"，"兴者，先言他物以引起所咏之词也"。

毛泽东谈论赋、比、兴，虽是分别引自朱熹在《诗集传》中所做的《葛覃》《螽斯》《关雎》三诗的解说，却有他独创的见解：

其一，从形象思维的角度，认为赋、比、兴三者是不能不用的表现方法。要用形象思维，就必须用比、兴，不然，大白话没有形象、意蕴，便不成为诗。

其二，赋之用，是在铺陈直叙中运用包括比、兴在内各种修辞技巧，如《北征》就是赋体，但并不直白。

其三，毛泽东主张赋、比、兴酌而用之，因三者各有特长，各有各的用途。

这个观点与南朝的钟嵘《诗品序》所言是一致的："宏斯三义，酌而用之。干之以风力，润之以丹彩，使味之者无极，闻之者动心，是诗之至也。若专用比、兴，患在意深，意深则词踬。若但用赋体，患在意浮，意浮则文散，嬉成流移，文无止泊，有芜蔓之累矣。"钟嵘指出，若只用比、兴，含义隐晦难明，文字不能流畅易晓。又如刘勰所说："明而未融，故发注而后见。"一首诗如要多处加注才能让人明白，那太难读了，也就不易传播。但是若专用赋，则容易产生平直散漫，或者文繁意少，淡然寡味。

从钟嵘到毛泽东，都主张赋、比、兴三者酌而用之。毛泽东的诗词就是赋、比、兴酌而用之的。毛泽东在中国人民民主革命和社会主义革命的时代，与时俱进，抒革命之情志，创造了充满新的时代精神的光辉诗篇。他赋、比、兴并用，以当代自然畅晓的语言，创作了意象飞动、韵味深长、含蕴无穷又气势磅礴的诗词，达到了高超的艺术境界。

毛泽东品读《楚辞》

　　毛泽东一生特别欣赏和反复品读中国古典文学中思想性强而又艺术性高的作品，对于屈原的骚体诗，他更是达到了酷爱的地步。

　　韶山文化积淀深厚、诗风颇浓，毛氏宗祠墙壁上画有舜的二妃娥皇、女英事迹的图像，这些人物都在屈原的作品中出现过。毛泽东从小耳濡目染，当碰到与《楚辞》有关的描写时，不会感到神秘莫测，而是亲切有趣。这也促使他从很早就接触了屈原的作品。

　　《楚辞》是我国第一部浪漫主义诗歌总集，由于诗歌的形式是在楚国民歌的基础上加工形成，篇中又大量引用楚地的风土物产和方言词汇，所以叫"楚辞"。《楚辞》主要是屈原的作品，其代表作是《离骚》，后人因此又称"楚辞"为"骚体"。

　　西汉末年，刘向搜集屈原、宋玉等人的作品，辑录成集。《楚辞》对后世文学影响深远，不仅开启了后来的赋体，而且影响历代散文创作，是我国积极浪漫主义诗歌创作的源头。

　　《楚辞》的主要作者是屈原。他创作了《离骚》《九歌》《九章》《天问》等不朽作品。在屈原的影响下，楚国又产生了宋玉、唐勒、景差等《楚辞》作者。现存的《楚辞》总集中，主要是屈原及宋玉的作品；唐勒、景差的作品大都未能流传下来。

　　宋代黄伯思在《校定楚辞序》中概括说："盖屈宋诸骚，皆书楚语，作楚声，记楚地，名楚物，故可谓之'楚辞'。"这一说法是正确的。

除此而外,《楚辞》中屈、宋作品所涉及的历史传说、神话故事、风俗习尚以及所使用的艺术手段、浓郁的抒情风格,无不带有鲜明的楚文化色彩。

早在湖南第一师范读书时,毛泽东就在自己的笔记《讲堂录》中,用工整的小楷抄录了《离骚》《九歌》全文,在《离骚》正文的开头上,写有各节的提要。

1915 年 5 月,毛泽东通过《征友启事》结识了罗章龙。他们第一次会见,谈了两三小时,内容涉及很广。其中就有对于《离骚》的讨论,毛泽东主张对《离骚》赋予新评价。归后,罗章龙还特意赋诗以记交谈之事,题为《定王台初晤二十八画生》。诗曰:

> 白日东城路,娜嬛丽且清。
> 风尘交北海,空谷见庄生。
> 策喜长沙傅,骚怀楚屈平。
> 风流期共赏,同证此时情。

"策喜"一句,指贾谊的《治安策》;"骚怀"一句,说的便是屈原的《离骚》。

1918 年春,罗章龙赴日本留学,毛泽东赋古风《送纵宇一郎东行》送别,诗有"年少峥嵘屈贾才"句,屈原、贾谊并称,可以看出屈原已成为那批同学学习的榜样。著名汉学家费德林在《我所接触的中苏领导人》一书中说,1949 年毛泽东率代表团赴苏联访问期间,他任苏方翻译。一次,毛泽东与他大谈中国古典文学,在谈到屈原时毛泽东曾发了一段较长的议论,其中说:"屈原的名字对我们更为神圣。他不仅是古代的天才歌手,而且是一名伟大的爱国者,无私无畏,勇敢高尚。他的形象保留在每个中国人的脑海里。无论在国内国外，屈原都是一个不朽的形象。我们就是他生命长存的见证人。"这当是毛泽东对屈原最高、最全面的评价。把自己看作屈原"生命长存的见证人"，推崇程度真是有点至高无上了。令人深思的是，毛泽东为什么此时大谈屈原，这披露出毛泽东怎样的情怀呢？这要从当时新中国面临的国际国内形势来分析。

处于摇篮时期的中华人民共和国面临着重重困难，在当时的国际形势下，只能与苏联站在一边，争取苏联的支持和援助。而苏联领导人此时对以毛泽东为首的中国共产党领导的中国革命还心怀疑虑，还存有某种程度的大国沙文主义作风。因此，心情复杂的毛泽东在谈到屈原时格外动情，民族自信与自尊的情绪也油然而生，进而以屈原传人自励与自许。这里所展示的是毛泽东作为一个伟大爱国者的深沉情怀。

1951年7月，毛泽东邀请老朋友周世钊、蒋竹如到中南海，在交谈中多次称赞《离骚》"有一读的价值"。

1957年12月，毛泽东要他身边的工作人员把各种版本的《楚辞》，以及有关《楚辞》和屈原的著作尽量收集给他，大约有50种。

1958年，张治中陪毛泽东在安徽视察工作时，毛泽东劝张治中读《楚辞》时说："那是本好书，我介绍给你看看。"

1958年，毛泽东读屈原的著作最勤、感受最多。这一年1月12日，他在一封信中说："我今晚又读了一遍《离骚》，有所领会，心中喜悦。"1月16日在南宁会议上，他又向与会干部介绍自己的读书方法："学楚辞，先学离骚，再学老子。"1月18日凌晨1点多钟，突然发现国民党飞机向南宁方向飞来，全城立即进入防空状态。警卫人员要求毛泽东进防空洞，以保安全。他却神情若定，安然处之，挥手说："我不去，要去你们去。"又说："蒋介石请我去重庆，我去了，怎么样？我又回来了，他还能怎么样？现在还不如那时安全吗？"他让人点燃蜡烛，聚精会神地读起了《楚辞》。毛泽东期望尽快改变我国经济文化的落后面貌，是年7月1日写了《七律·送瘟神》二首，比较强烈地反映了他的这个愿望，尤以第一首最为显著，这首诗的后半部分"坐地日行八万里，巡天遥看一千河。牛郎欲问瘟神事，一样悲欢逐逝波"，毛泽东是以地球为飞行器做巡天之游，比起屈原的远游规模更为壮观。《离骚》中屈原上天寻求天帝陈述政见以求支持，毛泽东是向出身劳动人民、后来成为神仙的牛郎倾诉悲欢之情，其情怀更为高远和深广。毛泽东的这两首七律以及1961年所写的《七律·答友人》，可谓"骚体苗裔"。

1958年，毛泽东在审阅陆定一《教育必须与生产劳动相结合》一文时加了一段话，提到"屈原的批判君恶"是其人民性的一面。第二年，在《关于枚乘〈七发〉》一文中，毛泽东又说："骚体是有民主色彩的，属于浪漫主义流派，对腐败的统治者投以批判的匕首。"这种提法与毛泽东反对党内工作中存在的官僚主义现象有关。早在1957年他就提倡写杂文，以杂文反对官僚主义。在一次会议上谈到王蒙的《组织部新来的年轻人》这篇小说时，毛泽东说："为什么中央附近就不会产生官僚主义呢！中央内部也产生过坏人嘛！"这一时期的毛泽东发自内心地希望能及时揭露党政机关内正在滋长的官僚主义。

在赫鲁晓夫全盘否定斯大林，中苏两国关系开始破裂以后，毛泽东于1961年秋写了《七绝·屈原》，全诗为：

> 屈子当年赋楚骚，手中握有杀人刀。
> 艾萧太盛椒兰少，一跃冲向万里涛。

这里"杀人刀"的比喻显然是前面"批判的匕首"的发展运用。不过毛泽东从《离骚》中看出屈原失败的关键在于"昔日之芳草","今直为此萧艾"。部分干部腐败变质的事实,不能不引起他的警觉。

1972年是毛泽东调整对外关系、打开中国外交新局面的一年。这年9月27日,毛泽东会见日本首相田中角荣时,以朱熹的《楚辞集注》相赠。这应看作是毛泽东最后一次展示他对屈原的关注。

毛泽东认为自古以来的好诗,都是如司马迁所说的那样,处于逆境的人"发愤之所为作也"。对于屈原的创作,司马迁曾评论说:"屈原放逐,乃赋离骚","其文约,其辞微,其志洁,其行廉。其称文小而其旨极大,举类迩而见义远"。把屈原的作品价值同他的人生遭际和人格光辉连在一起来评价。毛泽东很同意司马迁的观点,并加以发挥。

1959年12月至1960年2月,毛泽东在读苏联《政治经济学(教科书)》的谈话中说:"屈原如果继续做官,他的文章就没有了。正因为开除了'官籍','卜放劳动',才有可能接近社会生活,才可能产生像《离骚》这样好的文学作品。"毛泽东坚定地认为,一个人的经历、社会地位如何,其处境和命运如何,是否经受磨难,是创作成功与否的重要条件。他认为真学问一入太庙,便为牺牲;诗人作家一旦以精神贵族自居,便丧失艺术嗅觉,也没了诗的灵魂和本色。真正有创造力和才智的人,总是处于逆境的人。只有那些身处不平、心里有火气的人,才能创作出具有艺术渗透力量的优秀之作。

毛泽东在日常工作中也随时能联想到和贴切运用《楚辞》中的诗句。1950年3月10日,毛泽东在勤政殿接受罗马尼亚首任驻华大使递交国书。按照周恩来的布置,新中国第一代驻外大使来勤政殿,在八扇红木屏风后静观呈递国书仪式。此前,毛泽东和周恩来曾接见过这些新中国的第一任大使,并与他们亲切交谈。当毛泽东走到黄镇面前时，好像想起了什么，问道："黄镇，你原来那个名字黄士元不是很好吗，改它做什么？"黄镇答道："我的脾气不好，须要提醒自己'镇静'。"毛泽东说："黄镇这个名字也不错，《楚辞》中说，白玉兮为镇。玉宁碎而不致其白，竹宁黄而不可毁其节。派你出去，是要完璧归赵喽。你也做个蔺相如吧。""白玉兮为镇"是屈原的《九歌·湘夫人》中的一句。

1954 年 10 月 26 日，来访的印度总理尼赫鲁离京到外地访问，他到中南海勤政殿向毛泽东等中国领导人辞行。毛泽东当场吟诵了屈原《九歌·少司命》中的"悲莫悲兮生别离，乐莫乐兮新相知"两句诗后说："离别固然令人伤感，但有了新的知己，不又是一件高兴的事吗？"

毛泽东对屈原的《天问》，也是爱之颇深。他特别肯定屈原《天问》在唯物主义思想方面的贡献。在一次讲话中他说："柳子厚出入佛老，唯物主义。他的《天对》，从屈原的《天问》以来，几千年只有这么一人作了这一篇。"这同时也肯定了《天问》。

屈原是我国浪漫主义文学风格的创始人，他的大部分诗篇，想象奇特，文笔纵恣，感情激烈，与李白等人的诗歌一起形成了中国浪漫主义风格的优良传统。而毛泽东对屈原、李白的诗歌十分欣赏，并在创作风格上受其影响。

毛泽东的名篇之一《七律·答友人》前四句："九嶷山上白云飞，帝子乘风下翠微。斑竹一枝千滴泪，红霞万朵百重衣。"即化用了屈原《九歌》的故事。"帝子乘风下翠微"，显然是由《九歌·湘夫人》首句"帝子降兮北渚"变化而来。"斑竹一枝千滴泪"也是化用湘夫人闻帝舜死于苍梧，十分悲痛，眼泪沾在青竹上，留下点点斑痕，而成斑竹的故事。

通读毛泽东诗词，人们深深地被其气势磅礴、神奇浪漫、富于想象的艺术魅力所感染，从中可以窥见《离骚》《九歌》给毛泽东的创作带来的影响。而毛泽东的创作在某些方面（如气势、胸怀）更胜一筹。

总之，毛泽东的个性特征和创作风格与屈原相类似，这就是毛泽东酷爱屈原和《楚辞》的根本原因。

毛泽东品评《昭明文选》

毛泽东从青年到老年都很喜爱阅读《昭明文选》，又似乎特别喜爱其中的"赋"。他从一个政治家的角度出发，对《昭明文选》中宋玉、贾谊、枚乘等辞赋家的作品，做了生动而深刻的品评，妙语连珠，引人深思。

毛泽东对《昭明文选》的褒扬："好文宜读"

《昭明文选》是我国现存最早的一部古诗文选总集。萧统编。原30卷，后李善作注时析为60卷。编者萧统（501—531）是南朝梁文学家。字德施，南兰陵（今江苏武进西北）人，梁武帝萧衍长子。天监元年（502年）立为太子，未及即位而卒，谥昭明，世称"昭明太子"。萧统信佛能文。《昭明文选》一书，是萧统招聚文学之士而编。书中选录先秦至梁的诗文辞赋，不选经子，史书中也只略选"综辑辞采""错比文华"的论赞，已初步注意到文学与其他类型著作的区分，认为只有"事出于沉思，义归乎翰藻"者方可入为文学作品，在艺术形式上，尤注重骈俪、华藻。

《昭明文选》全书共60卷，分为赋、诗、骚、七、诏、册、令、教、文、表、上书、启、弹事、笺、奏记、书、檄、移、对问、设论、辞、序、颂、赞、符命、史论、史述赞、论、连珠、箴、铭、诔、哀、碑文、墓志、行状、吊文、祭文38类，凡752篇。所选多大家之作，时代愈近入选愈多。其中以楚辞、汉赋和六朝骈文占有相当比重,诗歌则多选对偶严谨的颜延之、谢灵运等人作品。所选各家不少文集久逸,赖此得以流传。所分之类,则能反映汉魏以来文学发展、文体增多之历史现象。

唐代以诗赋取士,士子必须精通《昭明文选》。学习和研究《昭明文选》从唐朝起即成为专门学问,号称"文选学"。时至北宋年间,民间尚传民谣曰:"文选烂,秀才半。"宋代有"文章祖宗"之说。延至元、明、清,有关《昭明文选》的研究亦未尝中辍,影响巨大。但是到五四新文化运动时期,出现了"桐城谬种,选学妖孽"的口号,"文选学"属于被打倒之列,故而研究《昭明文选》者寥若晨星。新中国成立以后,《昭明文选》被视为封建文学、贵族文学,问津者甚少。

青年毛泽东在湖南一师求学时,很爱读《昭明文选》这部书,多半能背诵。1916年寒假,毛泽东特地去游览了南岳衡山,登祝融峰。归途中,他写了一封很长的信给罗章龙,备述览七十二峰孤游历险的情形,信中还附有一篇游南岳的诗。可惜这信与诗未能保存下来。据罗章龙回忆,信是用与《昭明文选》中《海赋》格调相似的语体风格写成的,他只记得开头的第一句是:"诚大山也。"后来,毛泽东写文章、演讲、谈话,常即兴征引《昭明文选》中那些赋的篇章、片段、名句,或鉴赏评析,或说明事理,或借以抒怀。

毛泽东对萧统选录这部书所持的标准,是很赞赏的。1957年3月8日,毛泽东在同文艺界的人士谈话时谈到了《昭明文选》,他说:"昭明太子那篇序言里就讲,'事出于沉思',这是思想性;'义归乎翰藻',这是艺术性。单是理论他不要。要有思想性,也要有艺术性。"

1959年10月23日,毛泽东带读书小组成员赴杭州前,在指定要带去的书籍中,就有《昭明文选》。

　　毛泽东批注过的《昭明文选》有三种版本。他对这部传世经典的正面肯定体现在李善注本封面的批语上："好文宜读。"值得强调的是，这四个字不是题在某一具体篇章上，而是书的封面，因此可以视为对《昭明文选》的整体评价。毛泽东书此四个遒劲大字的确切时间已不可考，在新中国成立以后则是确定无疑的。在把《昭明文选》视为"妖孽"的背景下，毛泽东大书其为"好文"，也是为这部书最有力的正名。深厚的古文功底、丰富的人生阅历、革命领袖的特殊地位，此三者完美结合如毛泽东者，恐怕绝无仅有，能被其称之为"好文宜读"者，当是浩瀚国学典籍中之凤毛麟角。因此，这种看似一般的评价实乃对《昭明文选》这部当之无愧的国学经典的最高褒赏。

　　毛泽东对《昭明文选》情有独钟，终生不渝，而且后来连"上厕所都要读几页"，老而弥笃。到晚年，毛泽东因视力不济，便选了一些他所喜爱的诗文印成大字本，以便阅览，其中就印有选自《昭明文选》中江淹的《恨赋》《别赋》，谢庄的《月赋》，谢惠连的《雪赋》，封面上都有他用红铅笔画的大圈。即使在病中，他还常读，有时还背诵。

毛泽东独钟《昭明文选》赋

　　《昭明文选》分60卷，其中赋有19卷，几占三分之一，可见萧统对赋的重视。那些赋内容上的民主性色彩、艺术上的浪漫主义，更适合毛泽东的审美心理。有些赋，毛泽东读得烂熟，很多年后他都能成段成篇地背诵。所以，相比较而言，毛泽东对《昭明文选》中的赋更是情有独钟。

　　《昭明文选》收宋玉的作品较多，有《高唐赋》《神女赋》《登徒子好色赋》《风赋》《对楚王问》以及《九辩》等，这些作品毛泽东都读得很熟，还多次将《风赋》《登徒子好色赋》推荐给党的高级干部们阅读。

1942 年 5 月 23 日，毛泽东在延安文艺座谈会上讲到普及与提高的问题时说："任何一种东西，必须能使人民群众得到真实的利益，才是好东西。就算你的是'阳春白雪'吧，这暂时既然是少数人享用的东西，群众还是在那里唱'下里巴人'，那么，你不去提高他，只顾骂人，那就怎么骂也是空的。现在是'阳春白雪'和'下里巴人'统一的问题，是提高和普及统一的问题。"这里的"阳春白雪"和"下里巴人"就出自宋玉的《对楚王问》。

1956 年 6 月上旬，毛泽东创作了《水调歌头·游泳》这首极负盛名的词。词的下阕云："更立西江石壁，截断巫山云雨，高峡出平湖。神女应无恙，当惊世界殊。"这里"巫山云雨"和"神女"的典故就分别出自宋玉的《高唐赋》和《神女赋》。

1958 年 1 月，在南宁会议上，毛泽东批评"反冒进"时，风趣地谈起了宋玉的《登徒子好色赋》来。

据参加了会议的吴冷西回忆：毛主席说，《人民日报》的社论反冒进，使用的是旧中国时代楚国一位文学家宋玉攻击登徒子的一些手法，攻其一点，不及其余。起因是登徒子大夫在楚襄王面前说宋玉此人"体貌闲丽，口多微辞，又性好色"，希望楚襄王不要让宋玉出入后宫。有一天，楚襄王对宋玉说，登徒子大夫说你怎么样怎么样。宋玉回答说："体貌闲丽，所受于天也。口多微辞，所学于师也。至于好色，臣无有也。"楚襄王问，你说自己不好色，有什么理由呢？宋玉回答说："天下之佳人莫若楚国，楚国之丽者莫若臣里，臣里之美者莫若臣东家之子。东家之子，增之一分则太长，减之一分则太短；着粉则太白，施朱则太赤；眉如翠羽，肌如白雪；腰如束素，齿如含贝；

嫣然一笑，惑阳城，迷下蔡。然此女登墙窥臣三年，至今未许也。"宋玉说这样一个绝代佳丽勾引他三年，他都没有上当，可见他并非好色之徒。接着，宋玉攻击登徒子说，"登徒子则不然，其妻蓬头挛耳，龋齿厉唇，旁行踽偻，又疥且痔"，意思是说登徒子的老婆头发蓬松，额头前突，耳朵也有毛病，不用张嘴就牙齿外露，走路不成样子，而且驼背，身上长疥疮还有痔疮。宋玉问楚襄王："登徒子的老婆丑陋得无以复加，登徒子却那么喜欢她，同她生了五个孩子。请大王想一想，究竟是谁好色呢？"毛主席说，宋玉终于打赢了这场官司。他采用的方法，就是攻其一点，尽量扩大，不及其余的方法。整个故事见宋玉写的《登徒子好色赋》。

昭明太子把这篇东西收入《昭明文选》，从此登徒子成了"好色之徒"的代名词，至今不得翻身。第二天，毛泽东把宋玉这篇赋印发给大家看。

其实早在几天前，即1月6日，在杭州西子湖边一所水木明瑟的庭园里，毛泽东与谈家桢、周谷城、赵超构三位著名学者谈话，也说到了这篇赋，他琅琅背诵了其中宋玉对楚襄王说的那一段"天下之佳人莫若楚国……"接着说，"宋玉攻击登徒子的这段话，完全属于颠倒是非的诡辩，是采用'攻其一点，不及其余，尽量夸大'的手法"。他还十分风趣地说："从本质看，应当承认登徒子是好人。娶了这样丑的女人，还能和她相亲相爱、和睦相处。照我们的看法，登徒子是个专一的、遵守'婚姻法'的模范丈夫。怎能说他是个'好色之徒'呢？"

1958年3月29日，毛泽东乘"江峡轮"从重庆出发。30日毛泽东披着睡衣来到驾驶室欣赏巫峡风光，还从船长手中接过望远镜，从几个侧面观看了神女峰。他兴致勃勃，用他那特具韵味的韶山方言抑扬顿挫地背诵起了宋玉的《神女赋》中的一段：

夫何神女之姣丽兮，含阴阳之渥饰。披华藻之可好兮，若翡翠之奋翼。其象无双，其美无极。毛嫱鄣袂，不足程式；西施掩面，比之无色。

接着，他对站在身边的吴冷西、田家英说：其实谁也没有见过神女，但宋玉的浪漫主义描绘，竟给后世骚人墨客以无限的题材。

1958 年 5 月 23 日，毛泽东在中共八大二次会议的最后一次大会上讲话，讲到要辨别风向的问题时，说到宋玉的《风赋》。他说：今天，我主要讲辨别什么风向。大风容易知道的，十二级台风人人容易辨别，人吹得不舒服，房子吹倒了，树木吹倒了。小风不容易辨别，领导干部要更加注意。宋玉写了篇《风赋》，值得一看。他说风有两种，一种是贵族之风，一种是平民之风，即所谓"大王之风""庶人之风"。风有小风、中风、大风。宋玉是楚国的文学家。他说："夫风生于地，起于青蘋之末，侵淫溪谷，盛怒于土囊之口。"有书为证，在《文选》第十三卷，昨天晚上我还翻看了一下。他说，风起于青蘋的根尖上，"侵淫溪谷"，大概就是成都；"土囊之口"，就是三峡。宋玉是湖北人，大概是指那个地方。风"起于青蘋之末"的时候，最难辨别。

对相传为宋玉所写的《大言赋》，毛泽东也甚是喜爱，对其中很有名的"方地为车，圆天为盖；长剑耿介，倚乎天外"句，他几次凭记忆手书，见于《毛泽东手书古诗词选》中的墨迹就有两幅。毛泽东1915 年 5 月写的五言古风《挽易昌陶》中的"愿言试长剑"之"长剑"，1935 年 10 月写的《念奴娇·昆仑》中的"安得倚天抽宝剑"之"倚天"，均源于此。可见，宋玉赋对毛泽东诗词创作也有影响。

毛泽东在湖南一师求学时，就熟读《昭明文选》中贾谊的《鵩鸟赋》《吊屈原赋》《过秦论》等。1975 年 10 月 1 日，垂暮之年的毛泽东对身边的护士孟锦云说:"汉朝有个贾谊,写过一篇《鵩鸟赋》,我读过十几遍,还想读,文章不长,可意境不俗。"他还说:"不少人就是想不开这个道理,人无百年寿,常有千年忧,一天到晚想那些办不到的事,连办得到的事情也耽误了。秦皇、汉武都想长生不老,到头来,落得个'长城万里今犹在,不见当年秦始皇'。其实,任何事物都不过是一个过程,人的一生也不过如此,有始必有终。"他称赞《鵩鸟赋》"意境不俗",是因其中表达了唯物辩证的生死观。此时,毛泽东已重病在身,风趣地说过"上帝请我去喝烧酒",也对身边的工作人员讲过庄子妻死鼓盆而歌的事,老人死了是辩证法的胜利云云。他赞赏贾谊的《鵩鸟赋》,说"还想读",正清晰地表露了他这一生死达观的心境。

毛泽东对载入《昭明文选》的西汉辞赋家枚乘的《七发》也很欣赏。1959年庐山会议期间,8月2日,毛泽东在给张闻天的信中说:"《昭明文选》第三十四卷,枚乘《七发》,末云:'此亦天下之要言妙道也,太子岂欲闻之乎?于是太子据几而起,曰:涣乎若一听圣人辩士之言,涩然汗出,霍然病已。'你如有兴趣,可以一读枚乘的《七发》,真是一篇妙文。"毛泽东还指示将《七发》印发给与会者。8月16日,毛泽东又专门针对这篇"妙文"撰写了《关于枚乘〈七发〉》的长篇批语,他对屈原及"骚体"的评论,对宋玉、景差、贾谊、枚乘之后的"七体"的批评,具文学史家的眼光,独到、深刻;对《七发》的分析,撇开联系现实的一些语句不论,还是甚为精当的。

1960年5月,毛泽东在山东视察工作时,与时任山东省委书记舒同讨论曹植封陈王的问题时,随口背起谢庄的《月赋》:"陈王初丧应刘,端忧多暇。绿苔生阁,芳尘凝榭。悄焉疚怀,不怡中夜……"此"陈王"即指曹植。毛泽东接着评论说:"自古以来赋月亮的,就是谢庄的这一篇最著名。"《月赋》收在《昭明文选》卷十三。

对于《昭明文选》中江淹的《恨赋》《别赋》毛泽东也很爱读，且做过深入的研究。

1939年7月9日，毛泽东在陕北公学讲演中说：从前中国有个文学家叫江淹，他作了一篇《别赋》，最为人们熟记的有"春草碧色，春水渌波，送君南浦，伤如之何"，多么伤心流泪，文笔很好。我们今天不需要这样写，改一下，作"春草碧色，春水绿波，送君延安，快如之何"。毛泽东一改古人低沉之绪，转为欢快之调，可谓古为今用的楷模。

1975年夏，一天，芦荻给毛泽东读《别赋》，读到"秋露如珠，秋月如珪"时，毛泽东对芦荻说，你那个对"珪"的解释我看了。你注为"圆形的玉"，而李善注《昭明文选》将"珪"注为"碧色，圆如日月"，"秋月如珪"，侧重在形容月色、月光。毛泽东委婉地指出芦荻的注不全对，也表明他对《别赋》读的次数多，且非泛泛。

芦荻还为毛泽东读了收入《昭明文选》三国时的王粲的《登楼赋》。《登楼赋》是一篇著名的抒情短赋。王粲避难荆州，欲登楼以解愁，不想愁上加愁。芦荻读后，毛泽东说："这篇赋好。作者抒发了他拥护统一和愿为统一事业做贡献的思想，但也含有故土之思。"准确地概括了此赋的内容，而且发前人之所未发，即把"拥护统一和愿为统一事业做贡献的思想"放在首位，这与他的政治家的地位是分不开的。接着，毛泽东又说："人对自己的童年，自己的故乡，过去的朋侣，感情总是很深的、很难忘的，到老年就更容易回忆怀念这些。"紧接着，毛泽东若有所思地说，"我写《七律·到韶山》的时候，就深切地想起了32年前的许多往事，对故乡是十分怀念的。斑竹一枝千滴泪，红霞万朵百重衣。就是怀念杨开慧的，杨开慧就是霞姑嘛！可是现在有的解释却不是这样，不符合我的意思。"

此外，《昭明文选》中所收入的李斯《谏逐客书》、诸葛亮《出师表》、李密《陈情表》、嵇叔夜《与山巨源绝交书》、丘迟《与陈伯之书》、李萧远《运命论》等文章，也都是毛泽东爱读的，并有所评论或引用。

总之，一代伟人毛泽东对《昭明文选》的热爱和精辟分析是新"文选学"的宝贵财富，也是我们学习古典文学的独特教材。

毛泽东品鉴唐诗

　　毛泽东非常熟悉、喜爱和重视唐诗，他经常在政治、外交等活动中，援引、发挥唐诗，为现实服务。毛泽东还对唐诗进行过一些与众不同的考证。毛泽东的诗词创作，对李白、杜甫、白居易、李贺、李商隐及杜牧等唐代诗人的诗歌艺术成就，都有很多的借鉴和发展，大量化用、隐括唐代诗人的清词丽句，融入自己诗词艺术境界之中，做到了锻冶唐诗之词、自铸我之文字，可谓出蓝生冰。

　　唐代是我国古典诗歌发展的全盛时期。唐诗是我国优秀的文学遗产之一，也是全世界文学宝库中的一颗璀璨明珠。时至今日，许多诗篇仍广为流传。

　　唐代的诗人特别多。李白、杜甫、白居易固然是举世闻名的伟大诗人，除他们之外，还有其他无数诗人，像满天的星斗一样。这些诗人，今天知名的就有2300多人。他们的作品，保存在《全唐诗》中的也还有48900多首。

　　唐诗的题材非常广泛。有的揭露封建社会的黑暗，有的歌颂正义战争和抒发爱国情怀，有的描绘祖国河山的秀丽多娇，有的抒写个人抱负和遭遇，有的表达儿女爱慕之情，有的诉说朋友交情、人生悲欢……

　　唐诗在创作方法上，既有现实主义的流派，也有浪漫主义的流派。而许多伟大的作品，则又是这两种创作方法相结合的典范，形成了我国古典诗歌的优秀传统。

唐诗继承了汉魏民歌、乐府的传统，并且大大发展了歌行体的样式；不仅继承了前代的五言、七言古诗，并且发展为叙事言情的长篇巨制；不仅扩展了五言、七言形式的运用，还创造了风格特别优美整齐的近体诗。

唐代的古体诗，基本上有五言和七言两种。近体诗也有两种，一种叫作绝句，一种叫作律诗。绝句和律诗又各有五言和七言之不同。古体诗对音韵格律的要求比较宽：一首之中，句数可多可少，篇章可长可短，韵脚可以转换。近体诗对音韵格律的要求比较严：一首诗的句数有限定，即绝句四句，律诗八句，每句诗中用字的平仄，有一定的规律，韵脚不能转换；律诗还要求中间四句成为对仗。古体诗的风格是前代流传下来的，所以又叫"古风"。近体诗有严整的格律，所以又称为"格律诗"。

近体诗是唐代的新体诗，它的创造和成熟，是古典诗歌发展史上的一件大事。它把我国古曲诗歌的音节和谐、文字精练的艺术特色，推到前所未有的高度，为古代抒情诗找到一个最典型的形式，至今还特别为人民所喜闻乐见。

据贺子珍回忆，在井冈山时，毛泽东能把《唐诗三百首》全部背诵下来。曾有人对毛泽东的藏书进行过统计，他圈阅过的古代诗歌共有 1180 首，而唐诗就有约 600 首，占 50% 之多。他批阅过的《唐诗别裁集》有 6 部，《唐诗三百首》有 5 部。可见他对唐诗的喜爱和研读到了何等程度！

1957 年，毛泽东曾对诗人臧克家说："我冒叫一声，旧体诗词要发展、要改革，一万年也打不倒。因为这东西，最能反映中国人民的特性和风尚，可以兴观群怨。"又说："律诗，从梁代沈约搞出四声，后又从四声化为平仄，经过初唐诗人们的试验，到盛唐才定型。形式的定型不意味着内容受到束缚、诗人丧失个性。同样的形式，千百年来真是名诗代出，佳作如林。固定的形式并没有妨碍诗歌艺术的发展。"毛泽东对唐诗艺术给予了充分的肯定，高度评价了唐诗的地位。

毛泽东对唐诗的广泛今用

毛泽东于 1915 年曾致信同学湘生，其中写道："盖文学为百学之原，吾前言诗赋无用，实失言也。"综观毛泽东的革命生涯，唐诗的确成为他一生特殊的战斗武器、鼓舞精神和滋润心灵的源泉，他常常对一些诗句加以引申，寄寓政治、外交、哲学等丰富内涵。

在 20 世纪 70 年代初，长沙的一些单位邀请毛泽东青年时的同窗周世钊做学习毛泽东诗词的辅导报告。毛泽东曾对周世钊说："你可以己意为之。我认为对诗词的理解和解释，不必要求统一，事实上也不可能求得统一。在对某一首诗或词的理解和解释的问题上，往往会出现理解和解释人的水平超出原作者水平的情况，这是不足为奇的。……你愿意怎么讲，就怎么讲；你爱怎么讲，就怎么说好了！"毛泽东对自己诗歌的理解持如此态度，对唐诗的理解品鉴亦持如此态度。

马克思曾说："被曲解了的形式正好是普遍的形式，并且在社会的一定发展阶段上是适于普遍应用的形式。"唐诗在毛泽东手里也正是如此。

其一，毛泽东在复杂的政治斗争中，善于借用唐诗以寄寓现实政治含意。

1956 年 4 月 5 日，中央政治局讨论《人民日报》编辑部的文章《关于无产阶级专政的历史经验》，毛泽东当场念诵杜甫的《戏为六绝句》："尔曹身与名俱灭，不废江河万古流。"表达自己在政治上的坚定信心。

1958 年，毛泽东在成都游览杜甫草堂，看到不同版本的杜集，指出杜诗"是政治诗"。同年在中共中央南宁会议上，他又讲道："不愿看杜甫、白居易那种哭哭啼啼的作品，光是现实主义一面不好。李白、李贺、李商隐，要搞点理想，太现实就不能写诗了。"在现实政治政策的层面上，毛泽东发掘了唐诗可用以鼓舞当时革命斗志的含义。

1970 年 8 月，林彪以及陈伯达在中央政治局搞个人政治阴谋。毛泽东在《我的一点意见》中引用李白《梁甫吟》中"杞国无事忧天倾"诗句，说"天下是否会乱，庐山能否炸平，地球是否停转，我看大概不会吧。……我们不要学那位杞国人"，显示了胸有成竹、不怕政敌捣乱的气魄。

1971 年 10 月，在与周恩来等人谈及林彪事件时，毛泽东说："我的'亲密战友'啊……'折戟沉沙铁未销，自将磨洗认前朝。东风不与周郎便，铜雀春深锁二乔。'三叉戟飞机摔在外蒙古，真是'折戟沉沙'呀！"贴切引用晚唐人杜牧《赤壁》一诗以嘲讽林彪叛逃。

毛泽东又想起杜甫的名诗《咏怀古迹·其三》：

> 群山万壑赴荆门，生长明妃尚有村。
> 一去紫台连朔漠，独留青冢向黄昏。

仅把"明妃"改为"林彪"，讽刺林彪的下场：

> 群山万壑赴荆门，生长"林彪"尚有村。
> 一去紫台连朔漠，独留青冢向黄昏。

毛泽东还引用白居易《放言五首·其三》：

赠君一法决狐疑，不用钻龟与祝蓍。

试玉要烧三日满，辨材须待七年期。

周公恐惧流言日，王莽谦恭未篡时。

向使当初身便死，一生真伪复谁知。

毛泽东引用此诗意在说明：一个人错误的发展是有一个过程的，认识一个人是真革命还是假革命，也是有一个过程的。

其二，毛泽东常常将唐诗用于外交工作中。

1958 年 11 月 10 日，新华社编印的《参考消息》刊载了美国合众社的一则有关攻击人民公社运动的报道，毛泽东读后，在这则电讯的旁边写下刘禹锡《赠李司空妓》一诗：

高髻云鬟宫样妆，春风一曲杜韦娘。

司空见惯浑闲事，断尽苏州刺史肠。

"司空"是指当时扬州大司马杜鸿渐（又说李绅），"苏州刺史"是刘禹锡自指。此诗是刘禹锡赴大司马杜鸿渐之宴请，观赏一位美丽歌妓的表演之后所作，表达对这位歌妓的喜欢之情。诗句优美风趣，"司空见惯"后世传为成语。而毛泽东则用此诗讽刺美国多管闲事、干涉别国内政，指出其愚蠢可笑。

1966 年，毛泽东在致阿尔巴尼亚劳动党贺电时引用王勃《杜少府之任蜀川》中的诗句"海内存知己，天涯若比邻"，形容两国虽远隔千山万水，而心神相通，友谊长存，让唐诗在外交工作中也发挥了有力作用。

1971 年，毛泽东引用杜甫《前出塞》的诗句：

> 挽弓当挽强，用箭当用长。
>
> 射人先射马，擒贼先擒王。

他告诉身边工作人员："这两句表达了一种辩证法的战术思想。我们要打开中美间的僵局，不去找那些大头头，不找能解决问题的人去谈，行吗？选择决策人中谁是对手这点很重要。……非找尼克松不可。"从杜甫诗中引申出当代外交政治斗争的"战术思想"，老杜恐怕想不到他的诗竟影响了 1000 年后毛泽东做出邀请美国总统尼克松访华的重大决策。

其三，毛泽东常对唐诗给予哲学思想上的阐释。

《唐诗别裁集》载刘禹锡《酬乐天扬州初逢席上见赠》一诗，诗中写道："沉舟侧畔千帆过，病树前头万木春。"沈德潜评语说："沉舟二语，见人事不齐，造化亦无如之何。悟得此旨，终身无不平之心矣。"沈氏之说可谓不误，符合刘禹锡当时作诗时自嘲潦倒的心境。而在20 世纪 60 年代末，毛泽东阅读《唐诗别裁集》时却批注道："此种解释是错误的。"认为刘禹锡此诗阐明事物新陈代谢、世界向前发展的规律，具有辩证唯物主义的观点，是积极的。早在 1958 年 12 月，毛泽东在党的八届六中全会的发言提纲中，谈到党的分裂虽然有可能，但却是暂时的，而资产阶级的灭亡则是必然的，随即又引用这两句诗阐述自己的政治思想。

1964 年 1 月，毛泽东在向自己诗词的英译者解释一些问题时，谈到自己借用李贺诗句"天若有情天亦老"的想法："与人间比，天是不老的。其实天也有发生、发展、衰亡。天是自然界，包括有机界，如细菌、动物。自然界、人类社会，一样有发生和灭亡的过程。社会上的阶级，有兴起，有灭亡。"把李贺的诗句提高到哲学的高度来阐释。

晚唐诗人章碣有一首《焚书坑》诗：

> 竹帛烟销帝业虚，关河空锁祖龙居。
> 坑灰未冷山东乱，刘项原来不读书。

章碣诗本为讽刺秦始皇（所谓"祖龙"）焚书坑儒并不能使自己帝业万世，最后让并不读书的刘邦和项羽推翻了自己。1966 年，毛泽东却引用此诗来说明"学问少的打倒学问多的，年轻小的打倒年纪大的"这"古今的一条规律"。

其四，毛泽东善于用唐诗进行人生哲理的启迪。

1929 年，毛泽东教贺子珍读唐诗，特地挑选杜牧《九日齐山登高》一诗，其中有两句："尘世难逢开口笑，菊花须插满头归。"原是表达诗人乐天不忧、及时行乐之情。而毛泽东却解释道："'尘世难逢开口笑'，意思是，人生的哲学，是斗争的哲学。阶级斗争，革命斗争。"毛泽东认为"尘世难逢开口笑"一句揭示人生并不是到处欢乐喜悦，而是充满了严肃的斗争。

1959 年 7 月在庐山开会时，毛泽东曾背诵韦应物《寄李儋元锡》一诗：

> 去年花里逢君别，今日花开又一年。
> 世事茫茫难自料，春愁黯黯独成眠。
> 身多疾病思田里，邑有流亡愧俸钱。
> 闻道欲来相问讯，西楼望月几回圆。

毛泽东对身旁的一些领导人说，"邑有流亡愧俸钱"，"这寥寥七字，写出古代清官的胸怀，也写出古代知识分子的高尚情操。写诗就要写出自己的胸怀和情操，这样才能引起读者的共鸣，才能使人振奋"。

1958 年 2 月，李讷曾动手术，发高烧。毛泽东致信爱女，特意抄录王昌龄《从军行七首》之一：

> 青海长云暗雪山，孤城遥望玉门关。
>
> 黄沙百战穿金甲，不破楼兰终不还。

并告诉李讷说："这里有意志，知道吗？"希望李讷从中体会"黄沙百战穿金甲"的坚强意志的力量，进而战胜疾病。

1959 年，毛岸英的遗孀刘思齐身患重病，8 月，毛泽东在庐山会议百忙之中致信给她，抄录了李白《庐山谣寄卢侍御虚舟》诗中的几句：

> 登高壮观天地间，大江茫茫去不还。
>
> 黄云万里动风色，白波九道流雪山。

劝告刘思齐多阅读李白这样的诗作，"可以起到消愁解闷的作用"。

毛泽东对唐代诗人的独特考证

毛泽东非常重视唐代诗人的生平事迹，在军政事务百忙之余，还进行过自成一家的文学史上的考证。

毛泽东很喜欢初唐四杰的诗作，对初唐四杰之首王勃的诗文，就倾注了许多精力和时间。在 20 世纪 50 年代末，毛泽东读《王子安集》时，在《秋日楚州郝司户宅遇钱崔使君序》一文标题前做了大段批注，考证此文为王勃"去交趾（安南）路上作的，地在淮南，或是寿州，或是江都。时在上元二年，勃应有二十三四了"。又考证王勃作《秋日登洪州滕王阁饯别序》时，"应是二十四五六"，而不是有人所说的"十三岁，或十四岁"。毛泽东总结道：《王子安集》百分之九十的诗文，都是在北方——绛州、长安、四川之梓州一带，河南之虢州作的。在南方作的只有少数几首，淮南、南昌、广州三地而已。广州较多，亦只数首，交趾一首也无，可见他未到达交趾就翻船死在海里了。"

毛泽东在读《王子安集》时的批语又写道：王勃"高才博学，为文光昌流丽，反映当时封建盛时的社会动态，很可以读。这个人一生倒霉，到处受惩，在虢州几乎死掉一条命。所以他的为文，光昌流丽之外，还有牢愁满腹的一方。杜甫说'王杨卢骆当时体，不废江河万古流'，是说得对的。为文尚骈，但是唐初王勃等人独创的新骈、活骈，同六朝的旧骈、死骈，相差十万八千里。他是七世纪的人物，千余年来，多数文人都是拥护初唐四杰的，反对的只有少数。以一个二十八岁的人，写了十六卷诗文作品，与王弼的哲学、贾谊的历史学和政治学，可以媲美，都是少年英发，贾谊死时三十几，王弼死时二十四，还有李贺死时二十七，夏完淳死时十七，都是英俊天才，惜乎死得太早了"。

毛泽东的这些批语有理有据，运用比较方法，分析评价王勃诗歌创作的成就，体现了他对王勃诗歌成就的深刻的认识，对其生平命运深深的同情。

毛泽东很喜爱贺知章的《回乡偶书》其一：

少小离家老大回，乡音未改鬓毛衰。
儿童相见不相识，笑问客从何处来。

他对贺知章的生平考证也非常关心。

1958 年 2 月 10 日，毛泽东致信刘少奇，认真探讨了贺知章的事迹：

前读笔记小说或别的诗话，有说贺知章事者。今日偶翻《全唐诗话》，说贺事较详，可供一阅。他从长安归会稽（绍兴），年已八十六岁，可能妻已早死。其子被命为会稽司马，也可能六七十了。"儿童相见不相识"，此儿童我认为不是他自己的儿女，而是他的孙儿女或曾孙儿女，或第四代儿女，也当有别户人家的小孩子。贺知章在长安做了数十年太子宾客等官，同明皇有君臣而兼友好之遇。他曾推荐李白于明皇，可见彼此惬洽。在长安几十年，不会没有眷属，这是我的看法。他的夫人中年逝世，他就变成独处，也未可知。他是信道教的，也有可能摒弃眷属。但一个九十多岁像齐白石这样高年的人，没有亲属共处，是不可想象的。他是诗人，又是书家，他的草书《孝经》，至今犹存。他是一个胸襟洒脱的人，不是一个清教徒式的人物。唐朝未闻官吏禁带眷属事，整个历史也未闻此事。所以不可以"少小离家"一诗便作为断定古代官吏禁带眷属的充分证明。自从听了那次你谈到此事以后，总觉得不甚妥当。请你再考一考，可能你是对的，我的想法不对。……近年文学选本注家，有说"儿童"是贺之儿女者，纯是臆测，毫无根据。

毛泽东对古代历史、文化、宗教、官职以及人情世态有着深刻的洞察，在如此广博的背景之下，考据唐代诗人的生平事迹，合情合理，可谓真知灼见。

毛泽东诗词创作中对唐诗的化用

毛泽东一生酷爱古典诗词，这方面造诣很深。他精通韵律，长于歌赋，创作了很多首广为传诵的古典诗词杰作。毛泽东在自己的诗词创造中，善于从唐诗中信手拈来名句，加以画龙点睛地化用，有时稍加改动一字，"色泽鲜妍"，"如早晚脱笔砚者"。

毛泽东化用唐人诗句，不是简单地仿效和点化，而是极具创造性，增加新的文化内涵。毛泽东善于在驰骋想象中借用唐人诗歌描绘的景物来丰富自己的诗歌意境，与时俱进，向读者传递全新的信息，赋予更新、更高、更强的时代精神。下面举例加以简析。

毛泽东在《菩萨蛮·黄鹤楼》中的名句"黄鹤知何去？剩有游人处。把酒酹滔滔，心潮逐浪高"，化用了唐人崔颢《黄鹤楼》中的"昔人已乘黄鹤去，此地空余黄鹤楼。黄鹤一去不复返，白云千载空悠悠"的诗句。

崔颢的《黄鹤楼》诗，从楼的命名之由来起兴，借传说落笔，然后生发开去。仙人跨鹤本属虚构，可谓子虚乌有，仙去楼空，悠悠千载，正表现世事茫茫之情境。寥寥几笔写出了那个时代人们登黄鹤楼的寻常的感受，气概苍莽，悲凉伤感。时隔千载之后，毛泽东以《黄鹤楼》为题，另翻新意。他站在时代的高度，洞察一切，登楼俯瞰，感慨万千，欣然命笔，"黄鹤知何去？剩有游人处"。黄鹤不知何往，此地将供后人凭吊。这古人、古迹、古事，在人类长河中已奔腾了千载，毛泽东从时空角度发思古之幽情，往往是为了当下社会。旨在告诫人们：美好的时光已经逝去，美丽的事物已不复存在，我们可以有怀念之感，但不能流出一种悲伤之泪。

面对长江水的日夜东逝，面对龟、蛇两山傲然挺立，面对武汉三镇的壮丽美景，诗人毛泽东审视的是成与败、是与非、美与丑的界线，寻觅的是中华民族的光明前途和美好命运。沈德潜在《唐诗别裁集》评崔颢《黄鹤楼》诗云："意得争先，神行语外，以笔写春，遂描千古之奇。"此语用来评价毛泽东的《菩萨蛮·黄鹤楼》也非常恰当。毛泽东不仅具有同样的"千古之奇",更创造了万古之妙境。

毛泽东的《七律·人民解放军占领南京》是家喻户晓的力作,其中"天若有情天亦老,人间正道是沧桑",是化用了唐人李贺的《金铜仙人辞汉歌》中"衰兰送客咸阳道,天若有情天亦老"的诗句。据朱自清《李贺年谱》推测,《金铜仙人辞汉歌》是李贺因病辞去奉礼郎职务,由京赴洛途中所作,表达了诗人"恨别伤离"的忧愁情绪。毛泽东将原句借用,只是调了顺序,表达了自己"宜将剩勇追穷寇,不可沽名学霸王",将革命进行到底的雄心壮志。毛泽东以革命家的胆略和气魄,在有生之年完成了建立新中国、振兴中华民族的大业。《七律·人民解放军占领南京》的诗境不仅唐人李贺不能比拟,就是当今中外豪杰也是难以比肩的。

毛泽东诗词化用唐诗表现的审美情致主要有两个重要层面:壮美和优美。

壮美,中国的诗歌美学称之为"阳刚之美"。被誉为"冠绝古今"的毛泽东的壮词《念奴娇·昆仑》中"安得倚天抽宝剑,把汝裁为三截"化用了李太白的"安得倚天剑,跨海斩长鲸"的诗句,传递壮美之情怀。李白有"把酒问月""手摘星辰""斗酒百篇""剑斩长鲸"的壮美情怀和浪漫气质,但毛泽东以伟大的革命家、思想家的雄伟气魄,"阅尽人间春色",面对苍天大地,面对巍巍昆仑,奋力高呼"不要这高,不要这多雪",拔剑截断昆仑,达到"环球同此凉热",旨在改造自然、砸碎旧世界、创造美好幸福的新天地。《念奴娇·昆仑》通过对李白诗的点化,高大的昆仑山在诗人脚下,构成了雄奇险峻壮美的历史画卷,艺术特色鲜明,既有对现实的真实描绘,也有浪漫的极度夸张,更有象征意蕴的表达,浑然一体,力能扛鼎。

优美,是同壮美相对应的一种审美风格,有人称之为"阴柔之美"。毛泽东的《七律·送瘟神》中的"春风杨柳万千条,六亿神州尽舜尧。红雨随心翻作浪,青山着意化为桥"四句,不仅是对历史典故的成功运用,更是对唐人李贺《将进酒》中"桃花乱落如红雨"的化用。毛泽东反其意而用之,笔锋突转,别开新境,仿佛一阵春风吹过大地,6亿人民精神饱满,意气风发。诗人描绘了改造山河的宏伟场面,歌颂了改天换地的英雄气概,堪称一幅意境优美的劳动风景画。在这幅优美秀丽的画面里,不仅有山有水,有农田有村庄,而且有天上的牛郎、人间的瘟神,有历史上的神医华佗,有传说中的贤君舜尧,他们同如火如荼的现实生活画面相辉映,亦真亦幻,美妙多姿,富有浓厚的诗情画意。

毛泽东化用唐诗所表现的情感,既有对爱情的眷恋,又有对友情的思念,更有对革命情意的追求。最能代表毛泽东化用唐人诗句表达情感美的诗是《贺新郎·赠友人》。"挥手从兹去",一开篇就化用了李白的《送友人》中两句诗:"挥手自兹去,萧萧班马鸣。"毛泽东只改了一个字,把"自"字换成了"从"字。表面上看似乎没什么差别,但细品此意,却有所不同。自兹即自此,主要强调地点,表示从此地分别;而"从兹"则重点强调时间。当时的旧中国正被白色恐怖笼罩着,毛泽东为了探索救国救民的真理,为了中国人民的解放事业,毅然同杨开慧分手辞别。

毛泽东诗词也大量化用晚唐诗人李商隐、杜牧、孟郊、贾岛等人的诗句。

如《七律·送瘟神》:"坐地日行八万里。"出自李商隐《瑶池》:"八骏日行三万里。"

《七律·冬云》:"独有英雄驱虎豹,更无豪杰怕熊罴。"出自李商隐《重有感》："岂有蛟龙愁失水，更无鹰隼与高秋。"

《七绝·贾谊》："贾生才调世无伦。"出自李商隐《贾生》："贾生才调更无伦。"

《七律·答友人》："长岛人歌动地诗。"语出李商隐《瑶池》："黄竹歌声动地哀。"

《贺新郎·读史》："人世难逢开口笑。"隐括杜牧《九日齐山登高》："尘世难逢开口笑，菊花须插满头归。"

《贺新郎·别友》（手迹稿）："我自欲为江海客，再不为昵昵儿女语。"出自韩愈《听颖师弹琴》："昵昵儿女语，恩怨相尔汝。"

《七律·到韶山》："别梦依稀咒逝川。"出自温庭筠《苏武庙》："茂陵不见封侯印，空向秋波哭逝川。"毛泽东后来改"哭"为"咒"。

《七律·送瘟神》："千村薜荔人遗矢。"《七律·答友人》："芙蓉国里尽朝晖。"化用谭用之《秋宿湘江遇雨》："秋风万里芙蓉国，暮雨千家薜荔村。"

《满江红·和郭沫若同志》："正西风落叶下长安。"语出贾岛《忆江上吴处士》："秋风生渭水，落叶满长安。"

《七律·吊罗荣桓》："记得当年草上飞，红军队里每相违。"化自黄巢诗："记得当年草上飞，铁衣着尽着僧衣。"

总之，毛泽东的诗词创作，虽然是大量引用、融化唐人诗句，但却并不是简单的效仿、因袭，而是运用销熔功夫，做到了锻冶唐诗之词，自铸自我之句，将唐诗的清词丽句融化到自己诗词的境界中去，力脱古人之窠臼，做到了浑然天成，不留痕迹。毫无疑问，毛泽东为当今发挥唐诗艺术在中国社会文化发展中的作用，树立了光辉典范。

古典小说与毛泽东的领袖风格

美国著名学者施拉姆多年从事毛泽东和毛泽东思想研究，著作甚丰，在西方世界享有盛誉。以创作传记《毛泽东》为发端，他相继发表了一系列有影响的毛泽东研究力作，提升了西方毛泽东研究的整体水平。施拉姆说：毛泽东懂得群众支持的重要性以及动员群众的方法，他"带有强烈通俗文学特点的领导风格使他和农民有比较密切的关系"，"增加了他对大部分人民的吸引力"。

毛泽东那丰富的古代文史知识背景、形象的思维方式、鲜明生动的语言表达习惯，使他同古典小说有一种天然的联系，赋予他特殊的领袖风格。作为政治和思想领袖，毛泽东在古典小说方面的深厚素养，使他乐于活用古典小说中一些典型的人物和故事，把自己的思想、意志、策略，通俗地传播给他的战友、下属、战士和人民，其说服力和感染力是异乎寻常的。在毛泽东漫长的革命生涯中，这样的例子俯拾皆是。

1939 年 7 月 7 日，是卢沟桥事变爆发两周年纪念日，华北联大在延安举行开学典礼，校长成仿吾请毛泽东做报告。毛泽东在演讲中说："当年姜子牙下昆仑山，元始天尊赠了他杏黄旗、四不像和打神鞭三样法宝。现在你们出发上前线，我也赠给你们三样法宝，这就是：统一战线、武装斗争、党的建设。"在这里，毛泽东引用《封神演义》第三十八回"姜子牙二下昆仑"的故事，借古喻今，十分精练地将中国革命取得成功的根本经验概括成"三件法宝"，风趣幽默，引譬生动，给即将奔赴抗日前线的师生们留下了深刻的印象，为他们到抗日前线如何开展工作指明了方向。

1963年9月28日，在中央工作会议上谈到国际形势时，毛泽东说：我总相信《红楼梦》的作者借小说人物的口说的一句话，"大有大的难处"。这句话把刘姥姥吓得冷了半截。现在美苏两国确实很困难，他们到处碰钉子。不要忘记这一点。也是《红楼梦》写的，冷子兴讲贾府衰败下来了，贾雨村不信，说我到荣国府街上看过，还不错。冷子兴便说，亏你还是进士出身，原来不通。古人有言，"百足之虫，死而未僵"，死了，但是没有倒……

像这样，对古典小说名著，从场面到对话，从情节到结构，从人物到主题，毛泽东都烂熟于胸，沉淀在他的意识深处，外化为信手拈来、浑然天成的语言素材。毛泽东深深懂得这些老少咸宜、雅俗共赏的小说故事情节在思想宣传上的潜移默化的作用。

"小说"这一称谓，被正史大家说成是源自先秦的"杂家"者流。一个"杂"字，便轻飘飘地把它排除在经史子集的文化殿堂门外，被世人目为消愁解闷的"闲书"。正统的文人士大夫自然不屑一为，只有那些落魄不得志的才子才去营构。小说的"翻身"，是五四新文学运动才开始的。

中国古代小说的成长，大致经历了五个阶段：

一、先秦两汉期间是中国古代小说的萌芽时期。这一时期虽然没有出现成型的小说，但在神话、寓言故事、先秦散文、史传文学中孕育小说因子。我国上古神话散见于《山海经》《淮南子》等书中，如《女娲补天》《精卫填海》《后羿射日》《大禹治水》等，此中都孕育后世小说的胚胎。春秋战国期间产生和成长的寓言故事，是短小精干而又富于嘲讽性的文学范式，它的形象性、故事性和意义性成为中国古代小说形成的重要因素。

二、魏晋南北朝期间是中国古代小说初步形成时期。这一时期的小说被称为笔记小说。其时小说产量很大，作家浩繁，分多种门类，影响最大的是"志怪小说"和"志人小说"。

志怪小说，指记述神鬼等各类怪异故事的小说，其代表作是东晋干宝的《搜神记》，其中影响较大的作品有《李寄斩蛇》《干将莫邪》《牛郎织女》《董永》（天仙配故事由此嬗变而来）《东海孝妇》（窦娥冤以此为底本）。志人小说，记述人物的琐屑的异事逸闻，又称逸事小说。较完备的风行至今的只有南朝刘义庆的《世说新语》，它记述的是秦末至东晋士族阶层的奇闻逸事，意蕴丰富，语言朴素、精练、蕴藉、逼真。魏晋南北朝小说虽"粗陈大概"，但它为唐传奇的产生准备了条件，开辟了笔记小说的先路，为后世的小说创作提供了大量原始素材。

三、唐五代期间是中国古代小说的成熟时期。这一时期的小说被称为"唐传奇"。唐传奇是指唐代风行的文言短篇小说。它远继神话传说和史传文学，近承魏晋南北朝志怪和志人小说，成长成为一种以史传笔法写奇闻异事的小说体式，多取材于现实生活，反映社会矛盾，注重人物性格刻画，情节奇特，描写生动，尤其擅长虚构艺术，富有浪漫色彩。唐传奇是"有意为小说"，因此在创作手法上较六朝志人的偏重写实增强了虚构性，较六朝志怪的偏重记述传闻增加了再创作性。作家真正开始了自觉地进行艺术想象和艺术创造，而且在艺术构思、情节结构上，都取得了新的成就。唐传奇是中国文人有意识地创作小说的开始，是中国文言小说发展史上的一次飞跃，标志严格意义上的小说文体的正式形成。代表作品有沈既济的《任氏传》、李公佐的《南柯太守传》、李朝威的《柳毅传》、蒋防的《霍小玉传》、白行简的《李娃传》、元稹的《莺莺传》等。

四、宋元时期是我国古代小说的又一重大发展期。宋元话本小说的出现，是中国小说史上的一大变迁，这是中国最早的白话小说，标志中国古代小说发展进入一个全新阶段。话本始于唐代，盛于宋元。它是当时"说话"艺人演讲、说唱故事所用的底本。宋元话本小说是市民的小说，它从市民的立场、观点来反映社会中的矛盾，突破了六朝小说和唐代传奇描写社会上层或非现实情节的局限，把作品的接受对象扩大到社会各阶层，反映了现实社会的各层次矛盾冲突。代表作有《碾玉观音》《错斩崔宁》等。

五、明清时期是中国古代小说的繁盛时期。这一时期，长篇和短篇、白话和文言，都得到长足的发展，历来被后人称为名著的小说，多产生于此时期。其主要形态有拟话本和章回小说。拟话本是明代文人模拟宋元话本形式而创作的短篇白话小说。拟话本涉及社会生活的各个方面，着重描绘了市民阶层中的商人、手工业者和妓女等的生活及心态。代表作如冯梦龙的"三言"——《喻世明言》《警世通言》《醒世恒言》。章回小说是我国古典长篇小说的唯一形式，是由宋元话本发展而来的。其特点是将全书分为若干章节，称为"回"，少则十几回、几十回，多则百余回。每回前用两句对偶的文字标目，称为"回目"，概括本回的故事内容。明代成就最高的章回小说是"四大奇书"——《三国演义》《水浒传》《西游记》《金瓶梅》。这也是毛泽东一生最喜欢的几部小说。到清代，古典小说的思想性和艺术性都达到了新的高度。就文言短篇小说而言，清初产生了我国文言小说的顶峰之作《聊斋志异》；就长篇章回小说而言，清中叶出现了我国讽刺文学的集大成之作《儒林外史》和我国古典小说艺术的最高峰——《红楼梦》。

中国古典小说在长期的发展过程中，积累了丰富的创作经验，在人物形象塑造、情节结构、语言艺术等方面，都形成了自己独特的为我国人民所喜闻乐见的民族形式和民族风格。

古典小说既为"杂家"之言，自然较少去"宗经""载道""征圣"，较少去言修治齐平者们的"雅洁"情志，而是用"摆龙门阵"的方式去讲述些野史趣闻和怪异之事。于是在流传之间，渐渐成为普通大众的文化娱乐形式，更多地反映了底层民众的生存状态、情感愿望和价值取向。

毛泽东终生喜欢古典小说，重视其地位和作用；毛泽东在讲述、解析、类比、活用古典小说的故事和人物的过程中，也塑造了自己平易、幽默、风趣的领袖气质和深得人心、极富感召力的领袖魅力。

跟毛泽东干革命、加入革命队伍的绝大多数人是农民和工人，他们所受的教育极其有限，并不懂得高深抽象的学问，不可能深研马克思主义的理论，对斗争形势的感知也是直观朴素的，他们的素养大多由具体的生活经验、下层的民俗传统积淀而成。把这样一支队伍升华铸造成为高度自觉的无产阶级革命队伍，使他们一方面确确实实地感到中国共产党及其领导人的政策、理论是代表他们利益的，一方面又要从理性的高度认识到这些政策、理论的马克思主义真理性，是一件很不容易的事情。而毛泽东作为农民出身的革命领袖，作为把马克思主义中国化的理论家，作为把马克思主义通俗化、大众化的宣传家，这方面确实有着天才的、罕见的才能。他通过通俗小说文学的故事情节、人物形象及其特色语言，能很快和来自底层的工农兵群众之间产生共鸣，从而能把一个个"敏感"乃至"剑拔弩张"的问题坦坦然然、轻轻松松地表述出来；能把一个个不易使人们接受的思想、主张、观点，变得让人们容易接受；能把一个个目前不宜说透彻的问题，启发人们心领神会地去感知、理解；能把一个个因为讲得太多反而容易忽视的一般道理，凝固成人们永远忘不掉的形象和故事；能把一个个头绪繁多的复杂问题的精髓，提纲挈领地抽剥出来……

当毛泽东把古典小说作为对群众进行宣传教育的工具、素材的时候，他不会像"掉书袋"的文学理论家那样，把小说作为既定的文学客体来考证和解读，他的目的是用以说明他在实践中提出和要解决的方方面面的问题，诸如武松打虎之于斗争精神、周瑜挂帅之于干部政策、西天取经之于目标一致、贾府衰败之于美苏困境、刘备取西川之于团结地方干部，等等。当他如数家珍地谈起这些人物和情节时，他同古典小说的联系是自由活泼。他不想评小说，也不是从政治角度谈小说，而是借小说喻政治，取其一点，古为今用，以他特有的灵气、敏锐和语言，把古典小说读活、用活，读出新意境，用出新效果；在活读活用古典小说的过程中，毛泽东独特的领袖风格早已让他的听众如痴如醉，深受感染。

抗战胜利之后，资产阶级自由主义学者傅斯年被国民参议会推举为"访问延安代表团"的五名代表之一。傅斯年和毛泽东五四前后曾在北大相识。在延安的窑洞里，他们单独在一起畅谈了一夜，天上地下都谈开了。谈到中国的小说，傅斯年发现毛泽东对于坊间各种小说，非常之熟悉。傅斯年得出结论："毛泽东从这些材料里去研究农民心理，去利用国民心理的弱点。"

毛泽东研读古典小说，固然是为了研究农民的心理特点，但立场不同的傅斯年说错了一句话，毛泽东不是为了"利用国民心理"，而是为了引导国民心理。试想，如果不深入研究农民心理，不因势利导，引导国民心理，去争取革命的胜利，毛泽东能成为中华民族的伟大领袖吗？这不能不说是毛泽东的过人之处！

毛泽东与中国古典小说四大名著

毛泽东一生嗜好古典小说，他曾说："我熟读经书，可是不喜欢它们。我爱看的是中国旧小说，特别是关于造反的故事。我很小的时候，尽管老师严加防范，还是读了《精忠传》《水浒传》《隋唐》《三国》和《西游记》。"

《三国演义》《红楼梦》《水浒传》《西游记》是中国古典小说的杰出代表，是家喻户晓的"四大名著"。这四大古典名著伴随着毛泽东度过革命生涯，对毛泽东早期的革命、军事思想的形成有着潜移默化的影响。毛泽东还特别善于灵活、巧妙地运用四大名著于政治、军事、文化及日常生活的各个方面，以其独具的文化魅力和思维方式，赋予四大名著中的故事和人物以全新的内涵。

四大名著对毛泽东的革命、军事思想的影响

作为一位杰出的军事家，毛泽东可谓是自学成才。他没有受到正规的军事教育，完全是在战争中学会战争的。《三国演义》是我国第一部描绘战争的巨制，其中写了许多战略战术，都有可借鉴之处。

毛泽东熟悉《三国演义》，从中学习了很多战争知识。他在《中国革命的战略问题》一书中，讲到"双方强弱不同，弱者先让一步，后发制人，因而战胜"时曾列举了中国古代以少胜多、以弱胜强六个著名的战例，其中就有《三国演义》用浓墨重彩着力渲染描写的袁曹

官渡之战、吴魏赤壁之战和吴蜀彝陵之战三次战役。

《水浒传》是第一部描写农民起义的小说。《水浒传》中"替天行道"的思想，曾激起了少年毛泽东反抗现存秩序的精神。当年毛泽东在湖南第一师范读书的时候，有一年的中秋节，一群学生聚集在学校后面山上讨论救国之道。有些学生提出进入政界，对此，毛泽东回答说需要金钱和关系，才能当选。又有同学提出利用今后当教员的职位来影响后几代，毛泽东摇头表示反对，说这个办法需时太久。别人要他提出办法，他爽口答道："学梁山泊好汉。"后来他上井冈山，走工农武装割据，进而夺取全国政权，证明他当时"学梁山泊好汉"的想法还是正确的。

《水浒传》这部小说还写了这样一个根本的历史事实："官逼民反。"它具体地再现了促使众多梁山泊英雄铤而走险的深刻社会动因和历史必然性。毛泽东非常看重这部小说的这一特质。1964年1月他同美国记者路易斯·斯特朗谈话时说道："革命者并不是一开始就是革命的，他们是被反动派逼迫革命的，他们是被逼上梁山的。"他又说："我原先是湖南省一个小学教员，我是被逼迫这样的。反动派杀死了很多人民。""官逼民反"，事实上这一直是毛泽东解释20世纪中国农民革命的历史必然性的最通俗的说法，也是他关于中国革命的发生、发展和成功的一个牢固的信念。毛泽东在自己革命道路上不止一次提到这一点，在大革命高潮时，在新中国成立后，谈起自己的革命生涯，谈起中国共产党的历史经验，毛泽东往往都要谈到一个"逼"字。

《西游记》也是毛泽东从小就喜爱的一部小说。《西游记》对毛泽东的最大影响要算孙悟空这一理想化的英雄人物，他爱憎分明，敢于造反，具有挑战性、反权威的战斗风采和洒脱不拘、蔑视成规的自由个性，用他的话说即是"皇帝轮流坐，明年到我家"，"强者为尊该让我，英雄只此敢争先"。这个英雄形象毛泽东很欣赏，1966年7月毛泽东在给江青的信中就谈到自己的性格中"有些猴气"。如果把猴气理解为不拘成规，追求变动，不满现状，崇尚创造，不搬教条，灵活机动，不求刻板庄重，习惯洒脱机趣，我们就会发现，这些性格特征的确与毛泽东有某些联系。因为早在毛泽东成为马克思主义者之前，他就坦言，"具体""鲜明"和"热烈"是人类社会具有革命性和创造性的必要条件。

毛泽东对中国古典名著的解读和评价

中国古典小说的创作和批评有一个根深蒂固的传统，就是"史贵于文"。"小说，正史之余"，成为品评古典小说的一个基本观念。这一传统，对毛泽东的小说观无疑有一定的影响。可以说，史家兴趣，是毛泽东选读小说的一个重要出发点；史家眼光，是他品评古典小说的一个基本角度；史家见识，使他对古典小说的内涵和意义常常有独特的发掘和见解。尽管如此，毛泽东评判和领悟古典小说的动机、术语和标准，却是现代的，是马克思主义理论的反映和历史唯物主义的批判性、战斗性和实践性在文学领域的印证、贯彻和发挥。毛泽东对《红楼梦》的品评，清晰地反映了这一点。

1964年8月18日在北戴河，毛泽东找几个哲学工作者谈话，他说："《红楼梦》我至少读了五遍，开始当故事读，后来当历史读。"毛泽东并不讳言自己起先读《红楼梦》时是当故事读的，但当他接受马克思主义之后，就从考察、解剖历史生活的角度，从社会经济演变的客观规律出发，来理解和欣赏这部不朽著作了。

首先，毛泽东分析了《红楼梦》产生的背景和所反映的历史进步要求。1962年1月在扩大的中央工作会议上，毛泽东在谈到西方资本主义的发展从17世纪开始经过了好几百年的时候说："17世纪是什么时代呢？那是中国的明朝末年和清朝初年，再过一世纪，到18世纪上半叶，就是清朝乾隆时代，《红楼梦》的作者曹雪芹就生活在那个时代，就是产生贾宝玉这种不满意传统制度的小说人物的时代。乾隆时代，中国已经有了一些资本主义生产关系的萌芽，但是还是传统社会，这就是出现大观园里那一群小说人物的社会背景。"

其次，毛泽东透过《红楼梦》所描写的四大家族的衰败，来了解传统的统治阶层整体的衰败。在毛泽东看来，《红楼梦》全书，也就是四大家族的衰败史。在四大家族中，《红楼梦》其实只写了一个家族——贾府，从一家看四家，从四家看代表整个传统统治的成百上千个大族名宦之家。据此，他把《红楼梦》的第四回"冷子兴演说荣国府"作为全书的总纲，发前人之所未发。

再次，毛泽东通过《红楼梦》来形象地了解中国传统社会的生活。毛泽东要人们注意对书中令人瞩目的几十桩人命案做阶级分析，这些人命案也有不同的性质和情况，但都暴露了传统统治的残忍和罪恶。他还注意到《红楼梦》里反映出来的中国传统社会土地买卖的问题，他说："我国很早以前就有土地买卖，《红楼梦》有这样的话：'陋室空堂，当年笏满床。衰草枯杨，曾为歌舞场。蛛丝儿结满雕梁，绿纱今又在蓬窗上。'这段话说明了在传统社会里，社会关系的兴衰变化，家族的瓦解和崩溃，这种变化造成了土地所有权的不断转移，也助长了农民留恋土地的心理。"毛泽东也意识到了《红楼梦》里反映出来的中国传统家长制的动摇。他说过："我国家长制度的不断巩固是早已开始了。从《红楼梦》中就可以看出家长制度是在不断分裂中，贾琏是贾赦的儿子，不听贾赦的话。王夫人把凤姐笼络过去，可是凤姐想各种办法来积攒自己的私房钱。荣国府的最高家长是贾母，可是贾政、贾赦各人有各人的打算。"

总之，毛泽东主张把《红楼梦》当历史读，是读小说的一个重要的视角、一个高明的视角。马克思主义者读《红楼梦》这样的小说，尤其不能忽视这个视角。恩格斯就是这样读小说的，他说："巴尔扎克在《人间喜剧》里给我们提供了一部法国社会，特别是巴黎上流社会的卓越的现实主义历史……"列宁也是这样读小说的，他说："托尔斯泰是俄国革命的镜子。"他们都是把小说当作历史来读。

同样，对《三国演义》《水浒传》《西游记》，毛泽东也是如此品评和解读的。

毛泽东认为："《三国演义》的作者罗贯中不是继承司马迁的传统，而是继承朱熹的传统。南宋时，异族为患，所以朱熹以蜀为正统。明朝时，北部民族经常为患，所以罗贯中也以蜀为正统。"1958年11月，毛泽东在武昌，他蛮有兴趣地对李井泉等人说："今天找你们来谈谈陈寿的《三国志》。"他说："《三国演义》和《三国志》，虽然是两部不同类别和不同文体的著作，但从内容上来说，这两部著作具有密切的关系。"

著名作家张天翼指出："《西游记》这样的古代神魔故事中，不论作者有没有意识到，总会或多或少、或隐或显、或深或浅、或正确或歪曲地反映出某一时代社会生活的某些方面……是封建社会的主要阶级关系和矛盾。"毛泽东对张天翼用历史唯物主义观点来解释神话世界同现实社会的"同构"关系非常欣赏。

毛泽东还说："《水浒传》要当作一部政治书看，它描写的是北宋末年的社会状况。"1973年12月21日，毛泽东在接见部队领导的谈话中，劝人们读古典小说，他说："《水浒传》不反皇帝，专门反对贪官。

后来接受了招安。"1975 年 8 月 14 日，毛泽东还发表了众所周知的那篇关于《水浒传》的著名谈话，其实质性内涵，可以看作他一贯的历史观。

毛泽东是伟大的革命家，也是伟大的诗人和文艺理论家，毛泽东一生博览群书，对中国古典文学名著有过许多评论。尤其是新中国成立之初批判俞平伯的《红楼梦研究》，"文化大革命"后期的评《红楼梦》和评《水浒传》，不仅在古典文学研究领域产生了广泛影响，而且同国家政治生活密切相关。从整体上说，毛泽东的评论，主导方面是好的，在实践中发挥了积极作用。由于毛泽东有崇高声望，他提倡古典小说的阅读,使得古典小说得到了极大的推广。尤其是《红楼梦》，以前很多人没看过，就是由于毛泽东的推崇才普及开来，还影响到国外。毛泽东强调从政治历史的角度去读小说，更有利于发挥古典小说的教育作用。这符合他一贯的"古为今用"的主张。

毛泽东对四大名著的广泛古为今用

毛泽东特别善于在政治、军事、文化及日常生活的各个方面，灵活、巧妙地运用古典四大名著中的人物和情节，来阐明道理，开展思想教育。

毛泽东善于妙用四大名著评述时事，精辟深刻。

毛泽东向高级将领和普通战士都提出读《三国演义》，指导他们："不要去注意那些演义式的描写，而要研究故事里的辩证法。"

抗日战争时期在处理国共关系时，毛泽东曾多次引用《三国演义》第一回的首句话："话说天下大势，分久必合，合久必分。"1938 年 5 月 4 日，毛泽东在延安抗日军政大学讲话时，把国共合作分作三段：第一段两党合作，共同打击北洋军阀；第二段两党分裂；第三段两党又合作，同心协力打击日本侵略者。他说道："按照中国古书《三国演义》——你们看过吗？——那里开头就说：话说天下大势，分久必合，合久必分，过去 10 年了，现在又合起来，当然把这话拿到现在来说是不正确的，现在合起来不一定会再分。我们可以把它改成两句话：国共两党，合则两利，分则两伤。"

1942 年 9 月 7 日，为了更好地阐明精兵简政是一个极其重要的政策，毛泽东为延安《解放日报》写了一个社论《一个极其重要的政策》，他引用《西游记》中孙悟空对付铁扇公主为例，进行形象说明，指出："何以对付敌人的庞大机构呢？那就用孙行者对付铁扇公主的办法，铁扇公主虽然是一个厉害的妖精，孙行者却化为一个小虫钻进铁扇公主的心脏里去把她战败了……目前我们须得变一变，把我们的身体变得小些，但是变得更加扎实些，我们就会变成无敌的。"

《红楼梦》里有一段林黛玉谈论家庭内部斗争的话："不是东风压倒西风，就是西风压倒东风。"毛泽东化平淡为神奇，利用东风、西风的形象，深入浅出地说明国际形势："我认为现在国际形势到了一个新的转折点。世界上现在有两股风，东风、西风。中国有句成语：不是东风压倒西风，就是西风压倒东风。我认为目前形势的特点是东风压倒西风。也就是说，社会主义的力量对于帝国主义的力量占了压倒的优势。"

毛泽东善于妙用四大名著讲述哲理，发人深省。

哲人毛泽东还能够把自己对于古典小说的阅读和吸收，结合自身的丰富的革命实践，进行哲学层面上的品评和升华，从而显示出他高屋建瓴的本领和深邃的哲学底蕴。

1937 年，毛泽东在他的哲学名著《矛盾论》中，在说明要解决矛盾，首先要"从调查情形入手"，认识矛盾的特殊性时，他引用《水浒传》中"三打祝家庄"的故事情节进行说明。前两次打祝家庄失败，就是因为情况不明，方法不对。这说明，调查研究在解决现实矛盾问题时是多么重要。中华人民共和国成立以后，毛泽东对"三打祝家庄"的故事记忆犹新，随着形势的转变对其认识也在不断深化。1959年2月，为纠正1958年"大跃进"的弊端，毛泽东在省市委书记会议上的讲话中又提到"三打祝家庄"的故事，提醒全党善于发现矛盾、认识矛盾、解决矛盾，处理好现实中存在的问题。

毛泽东善于妙用四大名著指导军事，对症下药。

毛泽东在谈到军事退却原则、处理好退却与进攻的关系时，曾引用了《水浒传》中林冲打败洪教头的故事。他说："谁人不知，两个拳师放对，聪明的拳师往往退让一步，而蠢人则气势汹汹，劈头就使出全副本领，结果却往往被退让者打倒。《水浒传》上的洪教头，在柴进家中要打林冲，连唤几个'来''来''来'，结果使退让的林冲看出洪教头的破绽，一脚踢翻了洪教头。"

毛泽东善于妙用四大名著说服教育，趣味横生。

对四大古典小说名著，从场面到对话，从情节到结构，从人物到主题，都沉淀在毛泽东的意识深处，外化为信手拈来便浑然天成的语言素材。毛泽东深深懂得这些老少咸宜、雅俗共赏的小说事例，在思想宣传上的"润物细无声"的渗透效果。

1935年7月，在长征途中的毛儿盖，毛泽东、张闻天等一直在考虑着怎样才能使一、四方面军团结一致、统一行动的问题，并多次耐心地做张国焘等人的工作。有一次，毛泽东带着时任中央队秘书长的女同志刘英去找张国焘谈话，一见面，毛泽东就说："我给你带水来了！"张国焘一下子没反应过来，问道："什么水啊？"毛泽东笑着说："《红楼梦》里的宝二哥不是说男人是泥巴捏的，女人是水做的吗？"张国焘闻言恍然大悟，也不由得笑起来。毛泽东同张国焘由于此前意见有分歧，所以一开始就说笑话，想创造一种比较亲切融洽的谈话氛围。

1938 年 4 月，毛泽东给即将毕业的"抗大"第三期学员讲话，他要求学员应具有"坚定正确的政治方向，艰苦朴素的工作作风，灵活机动的战略战术"，接着他从分析《西游记》人物的性格特点入手，来阐述这三句话的重要性。他说："唐僧这个人，一心一意去西天取经，遭受九九八十一难，百折不回，他的方向是坚定不移的。但他也有缺点：麻痹，警惕性不高，敌人换个花样就不认识了。猪八戒有很多缺点，但有一个优点，就是艰苦。臭柿胡同就是他拱开的。孙猴子很灵活、机动，但他最大的缺点是方向不坚定，三心二意……"他还特意提到了唐僧骑坐的那匹白马："你们别小看了那匹小白龙马，它不图名，不为利，埋头苦干，把唐僧一直驮到西天，把经取了回来，这是一种朴素、踏实的作风，是值得我们取法的。"毛泽东的这些话不仅给当时的学员们留下了深刻的印象，而且对今天的人们也富有启迪教育意义。

薄一波曾回忆毛泽东对他谈到《三国演义》，说："看这本书，不但要看战争，看外交，而且要看组织。你们北方人——刘备、关羽、张飞、赵云、诸葛亮，组织了一个班子南下，到了四川，同'地方干部'一起建立了一个很好的根据地……外来的干部一定要同地方的干部很好地团结在一起，才能做出一番事业。"

"量体裁衣，看菜吃饭"，"到什么山上唱什么歌"，是毛泽东反复强调的工作方法，是马克思主义中国化的必要的基本途径。毛泽东大量引用古典小说四大名著中的故事情节、人物形象，使他和群众之间体现出文化占有上的平等和文化理解上的共识，使讲的人和听的人都融为一个"我们"，融为一个整体。在这方面，毛泽东具有卓越的驾驭这门政治艺术的独特才能。

毛泽东欣赏的一部清代滑稽小说

"天要下雨，娘要嫁人，由他去吧"一语，由于毛泽东的引用而广为人知。

1971 年 9 月 13 日夜，当时的中共中央副主席、军委副主席、写进党章的接班人林彪，乘一架军用三叉戟飞机向中蒙边境飞去，这是他在谋刺毛泽东失败后准备向苏联叛逃。飞机已经快要进入蒙古国，周恩来将情况急报毛泽东，并请示是否要拦截林彪的飞机。毛泽东沉思良久，从容镇定地说："天要下雨，娘要嫁人，无法可设，由他去吧！"

毛泽东博览群籍，可以说无所不读，除了读古代典籍中文史哲方面有代表性的著述外，还有兴趣读一些在特定环境中流传不广的书。中央文献研究室在编辑和整理毛泽东的著作和谈话时，对一些引文做注释，要查很多书，有的就很难查到出处。比如这句"天要下雨，娘要嫁人，由他去吧"，当时大家知道这句话肯定是一个俗语，但这个俗语出自哪里，一直找不到。直到多年后，有人查出这句俗语出自清朝嘉庆年间一个叫张南庄的人写的一本讲鬼故事的滑稽章回小说——《何典》。

"九一三"事件后，1972 年的一次中央政治局扩大会议上，毛泽东在谈到林彪时，还直接引用过《何典》中的许多言辞，说是"药医不死病，死病无药医"，意思是说药只能够医治不会死的病，如果病入膏肓，非死不可，那就无药可医了。毛泽东认为林彪得的正是这种病。

在中共"九大"上,毛泽东的"亲密战友"林彪被指定为接班人,并被写入了党章。但"九大"后,林彪与毛泽东的矛盾却日益加深。

1970 年 8 月,中共九届二中全会在庐山召开,林彪与陈伯达等联手鼓吹"天才论",并坚决要求设立国家主席,自己想当主席。毛泽东愤然写下《我的一点意见》后,林彪表示悔改,要求把他的名字从中去掉,不要向下传达。毛泽东为挽救他,"批陈保林",把林彪的名字从文中去掉了,陈伯达则成为被批判的主要对象。但结果林彪变本加厉,加紧了篡权的步伐,甚至阴谋刺杀南巡途中的毛泽东。真是不可救药!

在毛泽东看来,林彪如同《何典》中的活鬼一样,得了"死病",就是把"九转还魂丹像炒盐豆一般吃在肚里,只怕也是不中用的"。

毛泽东还引用了《何典》中的两句:"说嘴郎中无好药","一双空手见阎王"。江湖郎中信口雌黄,嘴上说得好听,口袋里却没有好药。在毛泽东看来,林彪是"万岁不离口,语录不离手,当面讲好话,背后下毒手",是一个不折不扣的政治骗子!林彪阴谋败露后,仓皇出逃,摔死在蒙古的温都尔汗,正是"一双空手见阎王"!

这几句话用以描绘林彪,真是既形象又贴切,在座的人听了感到很新奇,就问毛泽东这几句话是从哪里来的。毛泽东说:是从一部小说里面看来的,鲁迅写过一篇序文,推荐了它,这部小说叫作《何典》,作者是清嘉庆年间上海人张南庄。

于是,当时政治局就要求把《何典》找来,用大字体重印了一次,16 开本,政治局委员人手一本,连中央委员都没有资格分到。郭沫若还是后来想方设法才弄到了一本。

《何典》系清朝嘉庆年间上海才子张南庄所著的讽刺性滑稽体章回小说,共 10 回,12 万字左右。张南庄书宗欧阳询,诗法范仲淹、陆游，著作等身，而身后不名一钱，无力付梓。咸丰初年太平军攻入上海时，张南庄的其他著作尽付一炬，独《何典》幸存。虽是吉光片羽，但亦足显其绝世才情。

《何典》的奇特之处在于采用了别具一格的"幽默"文体，一反旧小说的所谓"文人气"，无章无典，无规无矩；满目脏字却不下流，油嘴滑舌却很严谨。作者主要通过对"下界阴山""鬼谷"中的"三家村"土财主活鬼一家两代的不同遭遇和福祸的描写，嘲笑了阴曹地府的形形色色、光怪陆离的丑恶现象。在鬼蜮世界，到处都是"有钱使得鬼推磨"的金钱至上观念，也充斥着"杀人弗怕血腥气"的冷漠和残酷。作者借此讥讽了我国封建社会"人吃人"的黑暗现实。举凡敲诈、贪污、淫乱、造反等人间上演的事情，在鬼的世界里照样应有尽有。作者的想象力极为丰富，书中塑造了活鬼、雌鬼、活死人、形容鬼、六事鬼、饿杀鬼、催命鬼、刘打鬼、黑漆大头鬼、青胖大头鬼等形象，还有什么赶茶娘、臭花娘、醋八姐等人物，无不栩栩如生，让人读来欢天喜地、笑断肚肠。

张南庄以"过路人"的化名在自序中述说了自己的语言风格和构思方法，称《何典》是逢场作戏，随口喷蛆；见景生情，凭空捣鬼；"新翻腾使出花斧头，老话头箍成旧马桶"；"天壳地盖，讲来七缠八丫叉；神出鬼没，闹得六缸水净浑"。其风趣幽默于此可见一斑。现在人们听到不着边际的话，爱问"语出何典"，殊不知这就与张南庄张大才子有关！

1926 年初，北京大学教授刘半农在厂甸旧书摊上购得光绪四年（1878 年）上海申报馆印行的滑稽小说《何典》，十分高兴，迅即加以校勘标点，又略加注释，交北新书局出版（1926 年 6 月），一时颇为畅销，到 1930 年 4 月已印到第四版。

《何典》是一本很"另类"的书，流传不广，鲁迅因为写小说史要买这本书，想了不少办法，始终没有找到。刘半农运气好，竟于无意中得之，他放下教授架子来出版这本书，据说也有一点不得已的情况——那时国立大学拖欠工资日趋严重，教授愈教愈"瘦"，非另外想点办法不可了。

　　《何典》出版问世后，风靡一时，跟鲁迅的大力推荐有关。

　　刘半农深知鲁迅对古代小说素有研究，于是请他为新版《何典》写一篇序。鲁迅很快就把题记写来，其中讲起《何典》一书的价值：

　　我看了样本，以为校勘有时稍迂，空格令人气闷，半农的士大夫气似乎还太多。至于书呢？那是，谈鬼物正像人间，用新典一如古典。三家村的达人穿了赤膊大衫向大成至圣先师拱手，甚而至于翻筋斗，吓得"子曰店"的老板昏厥过去……这一个筋斗，在那时，敢于翻的人的魄力，可总要算是极大的了。

　　成语和死古典又不同，多是现世相的神髓，随手拈掇，自然使文字分外精神，又即从成语中，另外抽出思绪；既然从世相的种子出，开的也一定是世相的花。于是作者便在死的鬼画符和鬼打墙中，展示了活的人间相，或者也可以说是将活的人间相，都看做了死的鬼画符和鬼打墙。便是信口开河的地方，也常能令人仿佛有会于心，禁不住不很为难的苦笑。

　　震惊中外的"三一八"惨案发生，文化人在书斋里坐不住了，《何典》开场白中的"放屁放屁，真正岂有此理"，成了对时政最好的注解。国民党元老吴稚晖称《何典》是他做嬉笑怒骂文章的范本。同时，文坛的一些重要人物，如胡适、周作人、林语堂等，也不断提到和向读者推荐这本书。

然而，也有一些当时的"文人雅士"，他们责难《何典》"不入流"。刘半农说："凭你是天皇老子乌龟虱，作者只一例地看作了什么都不值的鬼东西。"因而引发一场文坛大战，被陈源攻击为"大学教授而竟堕落于斯"。鲁迅怒而撰文："即便我是怎样的十足上等人，也不能反对他印卖书。"

20 世纪 20 年代的文坛上围绕《何典》的论战，肯定引起了毛泽东的关注，也可以肯定，他正是此时期读了《何典》，并且反复读了一生。

延安时期，毛泽东曾两次寄书给远在苏联求学的儿子毛岸英和毛岸青。1939 年，他托林伯渠买了一批书寄去，但中途丢失了。1941年 1 月，他写信说："关于寄书，前年我托西安林伯渠老同志寄了一大堆给你们少年集团，听说没有收到，真是可惜。现再酌检一点寄上，大批的待后。"

毛泽东随信附上一张书单，并注明了册数，具体内容如下：

精忠岳传 2，官场现形记 4，子不语正续 3，三国志 4，高中外国史 3，高中本国史 2，中国经济地理 1，大众哲学 1，中国历史教程 1，兰花梦奇传 1，峨眉剑侠传 4，小五义 6，续小五义 6，聊斋志异 4，水浒传 4，薛刚反唐 1，儒林外史 2，何典 1，清史演义 2，洪秀全 2，侠义江湖 6。

这张书单共列 20 多种书，其中许多属于人们所熟悉的明清时代的小说。但也有一些书显得比较冷僻，一般人别说没有读过，恐怕闻所未闻，比如《何典》。

张南庄擅长运用生动的方言俚语展开叙事，处处闪烁着民间的智慧。他的语言风格与毛泽东的审美趣味有着共同之处，这也是毛泽东引用和推荐《何典》的原因之一。

《何典》中的方言俚语，是200年前的上海话，是迄今我们所能见到的最早的上海话文字资料。张南庄不愧为当时上海10位"高才不遇者"之冠，他对上海话中的俗谚成语驾轻就熟，顺手拈来。书中大量熟语至今还活跃在上海人的口中，比如吃辛吃苦、拍手拍脚、拍台拍凳、疑心疑惑、号粥号饭、挨肩擦背、犟头倔脑、牵风引头、性命交关、一无事事、立时三刻、三日两头、七支八搭、无千无万、斯文一脉、刁钻促掐、寻孔讨气、捋舌八哥、地头脚根、眉花眼笑、贼忒嬉嬉、闲话白嚼蛆、日头晒肚皮、碰鼻头转弯、捏鼻头做梦、有天无日头、关门勿落闩、盐瓶倒醋瓶翻、张亲眷望朋友、风扫地月点灯、钉头碰着铁头、扳只葫芦抠子、螺蛳壳里做道场、乡下狮子乡下调、外甥弗出舅家门、急惊风撞着了慢郎中、千拣万拣拣着了头珠瞎眼、闲时弗烧香急来抱佛脚，等等。作者把很有特色的上海俚言土语运用得非常自如，足见其才学过人。

毛泽东发动延安整风的一项重要任务就是反对"党八股"。毛泽东所列举"党八股"的罪状，其中一条便是"语言无味，像个瘪三"，即写文章或演说颠来倒去总是那么几个名词，一套"学生腔"，或者只有死板板条条框框，缺乏生动活泼的语言，像瘪三一样只有几条筋，没有血肉，瘦得难看。鉴于此，毛泽东强调宣传和文艺工作者"要向人民群众学习语言"，因为"人民的语汇是很丰富的，生动活泼的，表现实际生活的"。在毛泽东看来，《何典》正是"向人民群众学习语言"的典范。他对《何典》语言的化用和引用，实际上表达了对这种审美取向的认同与欣赏。

　　毛泽东1965年的词作《念奴娇·鸟儿问答》的最后两句是："不须放屁，试看天翻地覆！""放屁"一词使全词幽默横生，很可能是借鉴自《何典》。因为何典的开篇第一章的"词曰"中的两句就是："放屁放屁，真正岂有此理！"

毛泽东喜读《历代通俗演义》

1936 年，毛泽东和党中央由陕北保安进驻延安，有了一个相对稳定的环境。1937 年 1 月 31 日，毛泽东专门致电在国统区开展工作的李克农：

请购整个中国历史演义两部（包括各朝史的演义）。

毛泽东所说的"演义"，就是蔡东藩的《历代通俗演义》。

蔡东藩（1877—1945），字椿寿，号东藩，浙江萧山临浦镇人。幼时嗜读《通鉴》，作诗填词一挥而就，有"神童"之称。于清光绪十七年考中秀才，清末以优贡生朝考入选，调遣福建省以知县候补。1911 年到省不久，他因看不惯官场的陋规恶习，月余后称病返归故里。

蔡东藩与邵伯棠是好友，邵伯棠清末为上海会文堂编书。辛亥革命那年蔡东藩在上海与邵伯棠见面，应约，也为会文堂编写《中等新论说文苑》，当年冬天便出版。自此蔡东藩与上海会文堂书局有了联系。邵伯棠于辛亥革命前曾为会文堂编写一部《高等小学论说文苑》。武昌起义后，邵伯棠去世，会文堂为符合时势的需要，请蔡东藩修改此书。蔡东藩为其修订重版。此后蔡东藩就以每月数十元的稿酬长期为会文堂编书了。

1914 年夏，袁世凯废除了《临时约法》，妄想恢复帝制，蔡东藩义愤填膺。他深知欲改造祖国，应先唤起民众，遂萌发了"演义救国"的思想，从通俗的历史演义着手，以一己之所学诉诸史笔，借中国历史上救亡图存的事迹，用通俗演义之方法宣传教育，以期激励国民的爱国情操。这也正是书生报国的意思。

为了符合时势的需要，蔡东藩写历代演义并不按时间顺序，而是先写了《清史通俗演义》，1915年开始至1916年完稿出版。其后，写了《西太后演义》和《历朝通俗演义》（《中华全史演义》）。

1921年至1923年，蔡东藩完成了《宋史》《唐史》《五代史》，其中1922年完成了两部。1924年至1926年完成了《南北史》《两晋》《前汉》《后汉》，其中1924年完成了两部。

蔡东藩的全部通俗演义共11部，1040回，651万字，如加上《西太后演义》（后改名为《慈禧太后演义》）和《中华全史演义》共13部，724万字。10年间平均每天写作2000字。

《历代通俗演义》以演义小说形式再现了上起秦始皇、下讫民国的2166年间的中国历史，是前所未有的巨著，是一部具有二十四史规模的庞大卷帙之作。蔡东藩也因此成为中国有史以来最大的历史演义作家。蔡东藩为了写这部《历代通俗演义》，光看正史就达4052卷，还不包括其他众多的稗官野史。卷帙浩繁，以他个人独力完成这部巨构，这是著述界的一件了不起的奇迹，被人誉为"一代史家，千秋神笔"。

"演义"一词，最早见于《后汉书·周党传》："党等文不能演义，武不能死君。"据《辞海》解释："谓敷陈义理而加以引申。"演义小说在我国有很悠久的历史。早在唐代便有说三国故事，北宋时期"说三分"已盛行，后来发展为"平话"，如《三国志平话》《五代史平话》等，这便是演义小说的前身。如果再上溯，那么在敦煌发现的《伍子胥变文》《昭君变文》等说唱历史故事的写本，该是演义小说的鼻祖了。如果按章太炎之说，"演义之萌芽，盖远起于战国"（《洪秀全演义·序》）。那么"演义"的起源就更早了。

演义小说由于采用了章回体形式，深得民众喜爱，故而得到迅速发展。到了明清时期，历史演义小说在民间广泛地流行起来。

一生酷爱读史的毛泽东为何爱读蔡东藩《历代通俗演义》呢？原因可能有很多，但蔡东藩成功实现了历史著作中历史真实和趣味性相统一，是不可忽视的重要因素。

蔡东藩的作品用章回体，取其为中国老百姓所喜闻乐见；用白话，取其浅显易懂。这些，他和明清以来的"演义"作家并无区别。蔡东藩作品的最大特色在于他对历史真实的严格追求。可以说，他是在用研究历史的精神和方法写"演义"。他自称所编历史演义，"以正史为经，务求确凿；以逸闻为纬，不尚虚诬"。他的前后汉、两晋、南北史绝大部分史料根据正史。唐五代以下，除正史以外，杂史笔记，博采旁搜，但记述乖牾的一概不录。其中有些事情，经戏剧、小说传播，几乎是家喻户晓、众口一词的了，原是演义中绝好的趣味资料，但他绝口不谈。他引用历史资料非常认真。凡是历史上可靠的记载，没有犹豫地写入演义。至于事情有出入的，他用三种方法处理：

第一种，有些事情有不同看法的，蔡东藩只介绍情况，不做肯定。如宋初的"烛影斧声"是件疑案，他在《宋史通俗演义》第十二回中写道：

小子通考野乘，也没一定的确证。或说是太祖生一背疽，痛苦得了不得。光义入视，突见一女鬼用手捶背，他便执着柱斧，向鬼劈去。不意鬼竟闪躲，那斧反落在疽上；疽破肉裂，太祖忍痛不住，遂至晕厥，一命呜呼。或说由光义谋害太祖，特地屏去左右，以便下手。至于如何致死，旁人无从窥见，因此不得证实。独《宋史·太祖本纪》只云：

"帝崩于万岁殿，年五十"，把太祖所有遗命，及烛影斧声诸传闻，概屏不录。小子也不便臆断，只好将正史野乘，酌录数则，任凭后人评论罢了。

第二种，遇到史书上某些问题，蔡东藩对于某些说法认为不可靠的，在演义中予以批驳。《元史通俗演义》第五十七回，脱脱赐死滇边，蔡东藩注云：

余少时阅坊小说，至《英烈传》中记载脱脱自尽事，由丞相撒登及太尉哈麻主使，其实当时只有哈麻，并无撒登，正史俱在，不能臆造一人。

第三种，在有些事情并无史实可据，蔡东藩也有想当然的描写，但运用批注说明是自己的意见，态度是审慎的。如《宋史通俗演义》第十七回中说杨业被擒，撞死在李陵碑上，临死大呼曰："宁为杨业死，毋为李陵生。"这当然是从"宁为袁粲死，不作褚渊生"脱胎而来。但在蔡东藩批注中则说明："两语不见史传，系作者从杨业口中，警醒后世。"

由此可见，蔡东藩的著作有正文，有注，有批，除表示他自己的历史观点以外，对史料的取舍也做了一些说明。

《历代通俗演义》融历史与文学为一体，以很强的可读性为读者所接受，从而为普及中国2000多年历史起到了积极的推动作用。蔡东藩在演义情节的设置上，巧妙地运用了"笙箫夹鼓法""剥笋脱壳法""层峦叠翠法""画龙点睛法""避实就虚法""烘云托月法""摹声绘形法"等许多演义小说中的传统笔法，把原本枯燥的史事，演义成令人不忍释卷的文学作品。同时，在行文上多用短句，在遣词造句中也以朗朗上口为目的，使读者不觉得厌烦，形成了一种独具风格的文字美。

《历代通俗演义》为世人提供了一部浩瀚而通俗的中华通史，可以当作《二十四史》的辅助读物；为后起的"纪实文学"开了先河，做了先导，是文学和史学熔为一炉的可贵尝试。

1941年1月，毛泽东写信给儿子毛岸英和毛岸青列的书单中，就有《清史演义》，即蔡东藩的《清史通俗演义》。

中南海毛泽东故居卧室床边陈列着许多书，其中就有蔡东藩的《历代通俗演义》，足见毛泽东生前对蔡东藩著作的喜爱和反复品读。

毛泽东评价国学大师

毛泽东品书论人

毛泽东评梁启超

近年来，在热播全国的红色经典青春励志电视剧《恰同学少年》中，有这样振奋人心的一幕：青年毛泽东大声背诵梁启超的《少年中国说》，然后不断有他的同学加入背诵的行列，最后一群热血沸腾的青年大声齐诵《少年中国说》。这感人的场面，折射了梁启超对包括毛泽东在内的那一代青少年的巨大影响。

青年毛泽东说："梁固早慧。"

梁启超，1873 年 2 月 23 日生于广东新会，字卓如，一字任甫，号任公，别署饮冰子、饮冰室主人、哀时客、中国之新民等。

1915 年 6 月 25 日，毛泽东在致同学湘生的信中，评价梁启超说："梁固早慧，观其自述，亦是先业词章，后治各科。"

梁启超确实"早慧"，是一个聪明绝顶的少年天才：四五岁就读完了"四书"《诗经》；6 岁在父亲教导下，"五经"卒业；除经学外，还读《史记》《汉书》《纲鉴易知录》《古文辞类纂》等；9 岁，能做千言的文章；12 岁，便中秀才。

中秀才后，梁家更是对他寄予厚望，送他到广州深造。15 岁时，梁启超进入当时广东省最高学府——学海堂学习。

17 岁时，梁启超结识了康有为，二人见面之后，聊了好几个时辰。梁启超后来追忆这段往事时说，康有为以"大海潮音，作狮子吼"（佛家语），当头棒喝之后，使他一时不知所措，以前所学的不过是应付科举考试的敲门砖而已，根本不是什么学问。于是退出学海堂，拜康有为为师。从此，在康有为的引导下，梁启超尽舍训诂之学，接受康有为的维新变法思想与政治主张，逐渐成长为康有为的左膀右臂，史称"康梁"。

1895 年春，梁启超赴京会试，协助康有为，发动了在京应试举人联名请愿的"公车上书"运动。维新运动期间，梁启超表现活跃，曾主北京《万国公报》（后改名《中外纪闻》）和上海《时务报》笔政，又赴澳门筹办《知新报》。他的许多政论在当时产生了很大的影响。

1897 年，梁启超任长沙时务学堂总教习，在湖南宣传变法思想。1898 年，回京参加"百日维新"。7 月，受光绪帝召见，奉命进呈所著《变法通议》，赏六品衔，负责办理京师大学堂译书局事务。

戊戌变法之前，梁启超的主要见解皆来自于康有为，梁启超用他那充满感情的笔触，阐发康有为杂乱、高深的思想，从而使"君主立宪"深入人心。

青年毛泽东对梁启超的崇拜和效仿

1910 年秋，毛泽东走出闭塞的韶山冲，到五十华里之外去上学。那学堂就是湘乡县立东山高等小学堂。

1936 年，毛泽东同斯诺谈起过当年的情形说："我在这个学校很有进步。老师们都喜欢我，尤其是那些教经书的老师，因为我写得一手好古文。但是我对读经书不感兴趣，当时我正在读表兄送给我的两种书刊，讲的是康有为的维新运动。其中一本叫作《新民丛报》，是梁启超主编的。这些书刊我读了又读，直到可以背出来。我那时崇拜康有为和梁启超。"

风靡一时的《新民丛报》，是梁启超在日本创办的。

1898 年的戊戌政变，谭嗣同等"戊戌六君子"喋血遇难，康有为、梁启超亡命日本。痛定思痛，梁启超认为，中国当时的贫弱落后、受列强欺凌，不只是因为有"最腐败之政府"，更因为有"最散弱之国民"，而后者为更重要、更深层次上的原因。于是他决心致力于思想启蒙工作，以提高国民的素质。

1898 年 12 月，梁启超在日本横滨创刊《清议报》，以"倡民权""衍哲理""明朝局""厉国耻"为宗旨。这个报刊 1901 年年末停刊后不久，梁氏又于 1902 年 2 月在横滨创刊《新民丛报》。当时都遭清廷禁止在国内发行的这两种报刊，在政治上，鼓吹保救光绪皇帝，反对慈禧太后，主张君主立宪；但更重要的是，梁启超以此为阵地发表了一系列鼓吹西方资产阶级政治、文化、道德、思想的文章，介绍和中国传统文化完全不同的价值标准、伦理观念、思维方式和行为规范，在长期囿于封建文化观念的中国知识界中，起了振聋发聩的作用。

《新民丛报》于 1907 年冬季停刊。毛泽东在 1910 年下半年读到的，已经是几年前的旧杂志了。但是对于一个来自闭塞山村的少年来说，其中的一系列主张却是见所未见、闻所未闻的，自然更启发毛泽东从全新的角度来思考中国，思考人生。正如他自己说的，对这些文章，他是"读了又读，直到可以背出来"。他从这里受到的影响，持续了相当长的时间。

现在的韶山纪念馆里，保存了一本当年毛泽东读过的《新民丛报》（第四号）。其中刊载了梁启超《新民说》第六节"论国家思想"，文中解说了"国家"和"朝廷"两个概念的差异。梁启超说：

固有国家思想者，亦爱朝廷。而爱朝廷者未必皆有国家思想。朝廷由正式成立者，则朝廷为国家之代表，爱朝廷即所以爱国家也。朝廷不以正式而成立者，则朝廷为国家之蟊贼，正朝廷乃所以爱国家也。

在梁启超这段文字的旁边，毛泽东批了一段话：

正式而成立者，立宪之国家也。宪法为人民所制定，君主为人民所推戴。不以正式而成立者，专制之国家也，法令由君主所制定，君主非人民所心悦诚服者。前者，如现今之英日诸国；后者，如中国数千年来盗窃得国之列朝也。

这是现在能见到的毛泽东对政治、对历史见解的最早文字记录。于此可见毛泽东在读《新民丛报》的时候，就在思考着中国的过去、现在和未来，这是一种十分可贵的读书态度。后来他投身于改造中国与世界的斗争，也就不是偶然的了。

1911 年春，辛亥革命前夕，毛泽东来到长沙，进入湘乡驻省中学。长沙是当时革命党活动的一个基地，在这里他第一次读到革命派的著名报刊《民立报》，这才知道有个同盟会。由湖南人黄兴领导的广州黄花岗起义七十二烈士殉难的消息传来后，毛泽东非常激动，以致写了一篇文章贴在学校墙壁上。

毛泽东后来对斯诺回忆说："这是我第一次公开发表政见，可是这个政见却有些糊涂。我还没有放弃我对康有为、梁启超的钦佩。我并不清楚孙中山和他们的区别。所以我在文章里鼓吹必须把孙中山从日本召回，担任新政府的总统，由康有为任国务总理，梁启超任外交部部长。"

在以后进入省立高等中学的半年，以及在第一师范的五年半的学习中，毛泽东并没有完全忘记梁启超。在现在保存下来的求学时期毛泽东的读书批语、笔记和书信中，或隐或显，或直接或间接，都能看到梁启超的影子。如1915至1916年的反袁斗争中，对"筹安会"的鼓噪，梁启超曾著《异哉所谓国体问题者》《上大总统书》等文，讥斥"筹安"诸君子，强烈反对帝制复辟。后来参加蔡锷讨袁世凯起义后，梁氏又连著《军中敬告国人》《袁政府伪造民意密电》《袁世凯之解剖》等文，笔力雄浑、锐利酣畅，社会影响很大。毛泽东在第一师范读书，通过学友会，将汤化龙、康有为、梁启超三人有关反袁及对时局不满的文章，编印成册，题为《汤康梁三先生对时局之主张》，广为散发。

毛泽东在《伦理学原理》一书的批注中，常有"参见梁启超"的某种评论，或将书中文意与梁文相比附，借助梁文加深对该书的理解。在致黎锦熙信中的"今日之我与昨日之我挑战"，就是直接援引梁启超的《政治学大家伯伦知理之学说》一文。关于"英雄""豪杰"的历史作用；将人分为"圣贤"与"愚人"两类；以"慈悲之心，以救小人"为特征的佛家平等观念；尤其是以"变化民质""启迪民智"为救国图存的根本要义等，毛泽东在《伦理学原理》批注中所反映的这些观点，也都直接或间接地出自梁启超的影响。

直到"五四"前夕，毛泽东在1917年8月23日给黎锦熙的信中仍然认为，中国积贫积弱，根本原因是"思想太旧，道德太坏"，"二者不洁，遍地皆污"。因此，根本的解决还在于从改变"人心道德""变化民质"入手。这种观点与梁启超《新民说》基本一致。1918年，毛泽东、蔡和森等在长沙创立学会，确定以"新民"为学会之名。在为新民学会起草会章时，毛泽东提出以"革新学术，砥砺品行，改良人心风俗为宗旨"，也正是梁启超《新民说》中之观点的具体化。

梁启超写文章不屑于恪遵古文"义法"，不满足于雕章琢句，而注重落笔自然，辞以达意，时杂以俚语韵语及外国语法，纵笔所至不检束，"以饱带感情之笔，写流利畅达之文，洋洋万言，雅俗共赏。读时则摄魂忘疲，读竟或怒发冲冠，或热泪湿纸"。一时学者竞效之，号曰新文体，对于读者，别有一种魔力。毛泽东当时就是被这种"魔力"所感染并起而仿效的。

1913 年，毛泽东进入湖南第四师范学习。国文教师袁仲谦先生是前清举人，最重古文教学，很欣赏毛泽东的才气纵横，笔力雄健，但又嫌他的文章太像梁启超的"野狐笔"，劝他多读古文。为此，毛泽东曾经下功夫熟读《昭明文选》和唐宋八大家的作品。他还从旧书店买回一套二十多册的《韩昌黎全集》，反复研读，揣摩其笔法，终于能写出一手入格的古文来。袁仲谦在评语中，甚至称赞得意弟子毛泽东的文章"深得孔融笔意"。

梁启超的《国学入门书要目及其读法》

1912 年，梁启超由日本回国。1918 至 1920 年旅欧期间，梁启超了解到西方社会的许多问题和弊端，回国之后即宣扬西方文明已经破产，主张光大传统文化，用东方的"固有文明"来"拯救世界"。于是他决意退出政坛，潜心研究学问，以西学的方法研究国学，回归到书斋，回归到国学，立志通过国学的研究和传播，"在社会上造成一种不逐时流的新人"，"在学术界上造成一种适应新潮的国学"，"以构成一种不中不西非中非西之新学派"。

这一时期的学术研究，梁启超是从"整理国故"开始的。他就与胡适等人一起积极参与了整理国故的运动，并成为国粹主义史学派的中坚。梁启超认为："史学为国学最重要部分。"所以他的国学研究，也以史学为第一重头戏。先后撰写了《清代学术概论》《中国历史研

究法》及其补编、《先秦政治思想史》《中国近三百年学术史》等煌煌
专著。

1922 年起，梁启超在清华学校兼课。《清华周刊》的记者约请梁
启超撰写《国学入门书要目及其读法》一文，梁启超于 1923 年 4 月
26 日撰成此文。

《国学入门书要目及其读法》的正文开列五类图书目录：（甲）修
养应用及思想史关系书类，有《论语》《孟子》等 39 种；（乙）政治
史及其他文献学书类，有《尚书》《逸周书》等 21 种；（丙）韵文书类，
有《诗经》《楚辞》等 36 种；（丁）小学书类及文法书类，有段玉裁《说
文解字注》等 7 种；（戊）随意涉览书类，有《四库全书总目提要》《世
说新语》等 30 种。以上 5 类书共计 133 种。

正文后收附录三篇：第一篇是《最低限度之必读书目》，开出《四
书》《易经》《书经》《诗经》等 25 种书。梁启超称此为"真正之最低
限度"书目。第二篇是《治国学杂话》，是谈学习国学的个人切身体会。
强调"一个人总要养成读书趣味"，工作之余，"随时立刻可以得着愉
快的伴侣，莫过于书籍，莫便于读书"，"在学校不读课外书以养成自
己自幼的读书习惯，这个人简直是自己剥夺自己终身的幸福"，还介
绍了阅读国学书的一些基本方法。第三篇是《评胡适之〈一个最低限
度的国学书目〉》。

在《评胡适之〈一个最低限度的国学书目〉》中，梁启超直截了
当地说："胡君这书目，我是不赞成的，因为他文不对题。""胡君这
篇书目，从一方面看，嫌他挂漏太多；从别方面看，嫌他博而寡要，
我认为是不合用的。""不是做哲学史家、文学史家，这里头的书十有
七八可以不读。真要做哲学史、文学史家，这些书却又不够了。"梁
启超认定"史部书为国学最主要部分"。他说："我最诧异的：胡君为

什么把史部书一概摒绝！一张书目名字叫作'国学最低限度'，里头有什么《三侠五义》《九命奇冤》，却没有《史记》《汉书》《资治通鉴》，岂非笑话？若说《史》《汉》《通鉴》是要'为国学有根底的人设想'才列举，恐无此理。若说不读《三侠五义》《九命奇冤》便够不上国学最低限度；不瞒胡君说，区区小子便是没有读过这两部书的人。"梁启超还批评胡适列了许多皇皇巨著，让青年人无从下手。如仅《正谊堂全书》（清人编辑的宋代至清代数十位理学家的文集汇编）就有100多册，教青年们从何读起？再如所列文学史之部书籍《全上古三代秦汉三国六朝文》等，大略估计，总数在1000册以上，教人从何读起？

胡适的书目，给今天的文科研究生阅读、使用，大致还差不多；推荐给文科的大学生阅读，显然不大合适。梁启超的书目，最大好处是离各科大学生的实际水平和需要较近，他们能用得起来。

梁启超开的详细书目，因文字很多，现仅将他开的简要书目抄录于下：

《四书》《易经》《书经》《诗经》《礼记》《左传》《老子》《墨子》《庄子》《荀子》《韩非子》《战国策》《史记》《汉书》《后汉书》《三国志》《资治通鉴》（或《通鉴纪事本末》)《宋元明史纪事本末》《楚辞》《文选》《李太白集》《杜工部集》《韩昌黎集》《柳河东集》《白香山集》。其他词典集随所好选读数种。

梁启超强调，这份书单子上的书，是务必要阅读的。"以上各书，无论学矿、学工程、学……皆须一读。若并此未读，真不能认为中国学人矣。"

　　1925 年，梁启超应聘任清华国学研究院导师，指导范围为"诸子""中国佛学史""宋元明学术史""清代学术史""中国文学""中国哲学史""中国史""史学研究法""儒家哲学""东西交流史"等。这期间著有《墨子学案》《中国近三百年学术史》《情圣杜甫》《屈原研究》《中国文化史》等。主要著作收入《饮冰室文集》。

　　1927 年，梁启超离开清华研究院。1929 年病逝。

　　晚年毛泽东说："梁启超一生有点像虎头蛇尾。"

　　多年后，已成为中国共产党领袖的毛泽东，在语言文字上对自己的著作和党内文件的要求非常严格。

　　1942 年，毛泽东在为整顿党的文风而做的报告中列举"党八股"的罪状有"空话连篇""装腔作势""无的放矢""语言无味"和"不负责任"等，这与梁启超早年所举报章之"五弊"颇见神似。毛泽东认为文章和文件是"给群众看"，"应当是生动的，鲜明的，尖锐的，毫不吞吞吐吐"，既要"分清条理，去掉空话"，又要"合文法"，要"以通俗的语言解释许多道理"给人民群众听。这些思想与梁启超所称舆论应具备的"常识""真诚""直道"三本和"浸润""强聒""见大""主一""旁通""下逮"六德有联系。虽然梁启超"其文条理明晰，笔锋常带情感，对于读者别有一种魔力焉"，但毫不夸张地说，比起梁启超的"纵笔所至不检束"来，毛泽东的文风要更胜一筹。

　　据曾任《人民日报》总编辑兼新华社社长的吴冷西回忆，毛泽东1958 年 3 月 30 日对梁启超有过一番评论：

　　毛主席说，梁启超一生有点像虎头蛇尾。他最辉煌的时期是办《时务报》和《清议报》的几年。那时他同康有为力主维新变法。他写的《变法通议》在《时务报》上连载，立论锋利，条理分明，感情奔放，痛快淋漓。加上他的文章一反骈体、桐城、八股之弊，清新平易，传诵一时。他是当时最有号召力的政论家。

……

毛主席又说到梁启超写政论往往态度不严肃。他讲究文章的气势，但过于铺陈排比；他好纵论中外古今，但往往似是而非，给人以轻率、粗浅之感。他自己也承认有时是信口开河。

毛泽东与胡适

　　1936 年，毛泽东在延安对美国著名记者、作家埃德加·斯诺说过这样一段话："《新青年》是有名的新文化运动的杂志，由陈独秀主编。我在师范学校学习的时候，就开始读这个杂志了。我非常钦佩胡适和陈独秀的文章。他们代替了已经被我抛弃的梁启超和康有为，一时成了我的楷模。"

新文化运动的主将

　　一时成为青年毛泽东"楷模"的胡适，其实只比毛泽东年长两岁，1891 年 12 月 17 日生于上海大东门外。原名嗣穈，学名洪骍，安徽绩溪人，留学考试时改名胡适，字适之。1962 年 2 月 24 日逝世于台湾。

　　胡适 5 岁开蒙，在绩溪老家私塾受过 9 年传统教育，打下坚实的国学基础。1904 年到上海进新式学校，接受《天演论》等新思潮，并开始在《竞业旬报》上发表白话文章。1910 年夏赴美留学，先入康乃尔大学习农科，后转入文科。1915 年入哥伦比亚大学，追随实用主义哲学家杜威学习哲学。

　　毛泽东还在湖南长沙读师范学校时，胡适早已因鼓吹和积极投身新文化运动，提倡白话文和文学改良而声名鹊起，成为当时以至后世最有影响的著名学者。

　　1917 年，胡适完成博士学位论文《古代中国逻辑方法之进化》。

在此期间，胡适热心探讨文学改良方案，并试作白话诗。而他与《新青年》主编陈独秀的通信，以及他的《文学改良刍议》一文的发表，更引发了一场声势浩大影响深远的文学革命。同年，胡适学成归国，被聘为北京大学教授，并参与《新青年》杂志的编辑，至此一发而不可收，成为新文化运动的主将之一。

"五四"时期，胡适连续撰写《历史的文学观念论》《建设的文学革命论》等文，提倡"国语的文学，文学的国语"，并相继完成《国语文法概论》《白话文学史》等著作，对白话文取代文言文而成为现代中国人重要的思想和交流工具起了决定性作用。

胡适称"五四"新文化运动为"中国的文艺复兴"，并断言其有四重目的：研究问题，输入学理，整理国故，再造文明。

胡适的所谓"整理国故"，就是用科学方法对三千年来的国学进行一番有系统的研究。因此胡适治学特重方法，屡次撰文介绍清儒与西哲的"科学方法"，以至于再三声称自己的学术研究都是为了证明并推广其"科学方法"。

"五四"洪流中相互激赏和支持

毛泽东和胡适是在北京大学结识的。

胡适 1917 年 9 月到北京大学任教。1918 年 8 月 19 日，毛泽东应在北大任教的恩师杨昌济之召来到北京，随后在北大图书馆谋到了一个月薪八个银圆的图书管理员职位。胡适那时是北大最年轻的新派教授，毛泽东曾不失时机抽空去旁听过胡适的课，所以毛泽东曾一度称自己也是胡适的学生。后来，毛泽东同萧三等人经杨昌济先生介绍专程去拜访过胡适，同胡适讨论新思潮的各种问题。

1918 年 4 月 14 日，毛泽东、蔡和森、何叔衡等人在长沙创立了以"改造中国和世界"为宗旨的革命团体——新民学会。新民学会成立不久，会员中一些有抱负的青年怀着到西方寻找真理的愿望，响应蔡元培、吴玉章在北京发出的号召，积极组织到法国勤工俭学。为此，毛泽东曾进行了多方面的活动，在将近一年里，毛泽东的全部时间和精力都用在留法勤工俭学的宣传、组织和准备工作上。可到了临行前，毛泽东却决定不去法国了。许多新民学会会员对此很不理解，毛泽东的解释则是："我觉得我们要有人到外国去，看些新东西，学些新道理，研究些有用的学问，拿回来改造我们的国家，同时也要有人留在本国研究本国问题。我觉得关于自己的国家，我所知道的还太少，假使我把时间花费在本国，则对本国更为有利。"

一年多后，毛泽东在给周世钊的一封信中又说到这件事：

我觉得求学实在没有"必要在什么地方"的理，"出洋"两字，在一些人只是一种"谜"。中国出过洋的总不下几万乃至几十万，好的实在很少。多数呢？仍旧是"糊涂"，仍旧是"莫明其妙"，这便是一个具体的证据。我曾以此问过胡适和黎邵西（黎锦熙——著者注）两位，他们都以我的意见为然，胡适之并且写过一篇《非留学篇》。因此，我想暂不出国去，暂时在国内研究各种学问的纲要。

由此可见，毛泽东最后决定不去法国勤工俭学，一方面在于他要了解中国的国情，研究国内的问题；另一方面与胡适的态度有关，毛泽东为是否出国一事，专门与胡适讨论过，胡适赞成、支持他留在国内研究问题。

1919 年 7 月 14 日，毛泽东在长沙创办了《湘江评论》。与此同时，胡适在北京的《每周评论》上发表那篇有名的《多研究些问题，少谈些主义》。

毛泽东如期把《湘江评论》寄给了胡适。胡适在 8 月 24 日的《每周评论》第 36 号上撰写了《介绍新出版物》(署名"适"),高度评价了《湘江评论》:

> 《湘江评论》的长处是在议论的一方面。《湘江评论》第二、三、四期的《民众的大联合》一篇大文章,眼光很远大,议论也很痛快,确是现今的重要文字。还有"湘江大事述评"一栏,记载湖南的新运动,使我们发生无限乐观。武人统治之下,能产生出我们这样的一个好兄弟,真是我们意外的欢喜。

《民众的大联合》这篇文章正是毛泽东写的,"民众大联合"的思想也是毛泽东思想的一个重要方面。

毛泽东当时是赞成胡适主张的"多研究些问题"的,他在湖南长沙组织了一个"问题研究会"。1919 年 9 月 1 日,毛泽东在湖南起草了《问题研究会章程》,寄给北京大学的邓中夏,刊发于 10 月 23 日的《北京大学日刊》。《问题研究会章程》中所列的亟待研究的"问题",如"孔子问题""东西文明会合问题""经济自由问题""国际联盟问题"等,共计 71 大类;其中的教育、女子、劳动、华工、实业、交通、财政、经济 8 大类又分列出 81 个更具体的问题,如"杜威教育说如何实施问题""中等教育问题""女子交际问题""贞操问题""国语问题""司法独立问题""联邦制应否施行问题"等,合计 144 个要研究的"问题"。

1919 年 12 月 18 日,毛泽东率领湖南"驱张代表团"到达北京。这是毛泽东第二次进京。湖南"驱张运动"的大本营也随之从长沙移师北京。到北京后，毛泽东就住在北长街 20 号（原北长街 99 号）福佑寺这个喇嘛庙中，立即与各方面协商组成了"旅京湖南各界联合会"和"旅京湘人驱张各界委员会"。毛泽东代表新民学会上书胡适，争取胡适对湖南学生的支持。

1920 年 1 月 15 日的胡适日记中有："毛泽东来谈湖南事。"

胡适晚年旅居美国，在 1951 年 5 月 16 至 17 日的日记上，胡适回忆说："毛泽东依据我在 1920 年的《一个自修大学》的讲演，拟成《湖南第一自修大学章程》，拿到我家来，要我审定改正。他说，他要回长沙去，用'船山学社'作为'自修大学'的地址，过了几天，他来我家取去章程改稿。不久他就回湖南了。"

胡适所说这段史实，在毛泽东给朋友的信中可得到印证。1920年 2 月和 3 月 14 日毛泽东在离开北京之前分别给陶毅、周世钊的信中说：

> 湘事平了，回长沙，想和同志成一"自由研究社"（或径名自修大学），预计一年或两年，必将古今中外学术的大纲，弄个清楚。好做出洋考察的工具（不然，不能考察）。
>
> ……我想我们在长沙要创造一种新的生活，可以邀合同志，租一所房子，办一所自修大学（这个名字是胡适先生造的），我们在这个大学里实行共产的生活。
>
> ……如果自修大学成了，自修有了成绩，可以看情形出一本杂志。

1921 年 8 月 16 日毛泽东在湖南《大公报》上发表了《湖南自修大学组织大纲》。同时他又起草了《湖南自修大学创立宣言》。9 月，毛泽东利用船山学社的校舍开办的自修大学开学。原船山学社的社长贺民范为校长，毛泽东任教务长。1922 年 4 月，自修大学的校刊《新时代》创刊。11 月自修大学和刊物被湖南政府勒令停办。

湖南自修大学的创办，培养了一批青年人，他们中的大部分后来成了共产党的干部。

胡适"最低限度"的国学书目

经过"五四"运动的洗礼，毛泽东的思想发生了巨大的变化，1920 年 11 月 25 日，他在给罗章龙的信里指出："我不赞成没有主义，头痛医头，脚痛医脚的解决。"他论述了确立马克思主义的伟大意义："没有主义是造不成空气的。我想我们学会，不可徒然做人的聚集，感情的结合，要变为主义的结合才好。主义譬如一面旗子，旗子立起了，大家才有所指望，才知所趋赴。"

毛泽东经历了实验主义，又超越了实验主义，开始自觉地接受马克思主义，成为一名共产主义者。

那么，此时的毛泽东，又是如何看待胡适的呢？ 1923 年 4 月 10 日，毛泽东在《新时代》创刊号上发表的《外力、军阀与革命》一文中，对当时国内各派政治势力做了分析，其中，他把胡适划为"非革命的民主派"，有民主性的一面，是可以同革命派合作的。

因为胡适在新文化运动中的领袖地位，带头进行了文学革命，于是，一些人就认为胡适是彻底的反传统文化的代表人物；因为胡适在某种特殊历史背景下中说过"西化"之语，不少人就据此认为胡适是一个彻头彻尾的"全盘西化"者。事实上，在 20 世纪 20 年代，胡适对于国学的推广和普及不遗余力。主要表现在他先后两次关于中学古文教学的公开演讲及为清华学生开列的"最低限度"的国学书目中。

在两次演讲中，胡适对于中学古文的教学给予很大的关心和热情，认为没有相应的国学知识，青年们对外则不能代表中国，对内则将没有意义。胡适坚信，国学一定可以拥有更加光明的未来。

1923 年，胡适在《努力周报》的增刊《读书杂志》第 7 期上，发表了为清华学校（1928 年改为清华大学）的学生拟的一个"最低限度"的国学书目。

胡适开的书目包括三部分：工具之部，有周贞亮、李之鼎《书目举要》，张之洞《书目答问》等 15 种；思想史之部，有《老子》《庄子》等 91 种；文学史之部，有朱熹《诗经集传》、姚际恒《诗经通论》等 78 种。

胡适在一长串书单子的前面，声明两点：一是他拟这个书目，不是为国学有根底的人设想，而是为那些想学得一点系统国学知识的普通青年人设想；二是他拟这个书目，是想为青年人提供一个"下手的方法"。他还说："国学在今日还没有门径可说……对初学人说法，须先引起他的真兴趣……在这个没有门径的时候，我曾想出一个下手的方法来……这个书目的顺序便是下手的法门。"

出乎胡适意料，该书目发表后，立即遭到了质疑。1923 年 3 月 11 日，《清华周刊》的记者给胡适写了一封信，对胡适开的书目提出了两点疑问，实际上是两点批评：一方面，书目"范围太窄"，只包括了思想史和文学史著作，遗漏了中国文化史的其他门类如民族史、语言文字史、经济史等著作；另一方面，书目所列图书太多了，太专深了，不合乎"最低限度"四个字，没有考虑到学生们的实际程度，学生们读不完，也未必都读得懂。记者希望胡适先生替清华学生另外拟一个书目，拟一个称得上"实在最低的国学书目"。

胡适在答书中写道：

如果先生们执意要我再拟一个"实在的最低限度的书目"，我只好在原书目加上一些圈；那些有圈的，真是不可少的了。此外还应加上一部《九种纪事本末》(铅印本)。

以下是加圈的书：

《书目答问》《中国人名大辞典》《九种纪事本末》《中国哲学史大纲》《老子》《四书》《墨子间诂》《荀子集注》《韩非子》《淮南鸿烈集解》《周礼》《论衡》《佛遗教经》《法华经》《阿弥陀经》《坛经》《宋元学案》《明儒学案》《王临川集》《朱子年谱》《王文成公全书》《清代学术概论》《章实斋年谱》《崔东壁遗书》《新学伪经考》《诗集传》《左传》《文选》《乐府诗集》《全唐诗》《宋诗钞》《宋六十家词》《元曲选》《宋元戏曲史》《缀白裘》《水浒传》《西游记》《儒林外史》《红楼梦》。

政见的分歧与分道扬镳

1945 年 3 月 27 日，国民党行政院任命胡适为出席旧金山联合国大会代表团代表。4 月 25 日，联合国大会中国代表团中的中共代表董必武按毛泽东指示与胡适长谈，希望胡适支持中国共产党的主张。谈话中，胡适搬出《淮南子》的无为主义，规劝中国共产党从事单纯的政党活动，作为国内的第二大党参加选举。

同年 7 月 1 日，国民参政会的民主党派人士傅斯年、黄炎培、章伯钧等六人访问延安。其中的傅斯年既是胡适的学生，又是胡适的挚友。毛泽东以学生的身份请傅斯年代他向远在美国的老师胡适问好。

从延安回到雾都重庆，傅斯年在重庆的报纸上，通过文章向自己的老师兼朋友胡适转达了毛泽东的问候。

胡适见到傅斯年的文章后，并没有改变自己的看法。是年的 8 月

24 日，胡适在纽约发了一封著名的电报给毛泽东：

润之先生：

    顷见报载傅孟真兄转达吾兄问候胡适之之语，感念旧好，不胜驰念。

    前夜与董必武兄深谈，弟恳切陈述鄙见，以为中共领袖诸公今日宜审察世界形势，爱惜中国前途，努力忘却过去，瞻望将来，痛下决心，放弃武力，准备为中国建立一个不靠武装的第二大政党。公等若能有此决心，则国内十八年纠纷一朝解决，而公等廿余年之努力皆可不致因内战而完全消灭。试看美国开国之初,节福生（现译杰弗逊——著者注）十余年和平奋斗,其手创之民主党遂于第四届选举取得政权。又看英国工党五十年前仅得四万四千票，而和平奋斗之结果，今年得千二百万票，成为绝大多数党。此两事皆足供深思。中共今日已成第二大党，若能持之以耐力毅力，将来和平发展，前途未可限量。万不可以小不忍而自致毁灭!

    此时正值蒋介石三次电邀毛泽东赴重庆共商国是。而苏联领导人斯大林于胡适电报之前两天，也催迫毛泽东去重庆与蒋介石会谈，电报说："坦率告诉（中共），我们认为暴动的发展已无前途，中国同志应寻求与蒋介石妥协，应加入蒋介石政府，并解散其部队。"对斯大林的这封电报，毛泽东非常不满，1949 年底，毛泽东去莫斯科终于表达了自己的不满。但毛泽东并没有放弃对自己的这位曾经的"老师"的争取和"统战"。

    1945 年 9 月 6 日，胡适被国民党任命为北大校长。1946 年 7 月 5 日，胡适从美国回到上海，受到蒋介石、孙科等国民党党政要员的热情款待。

1946 年 11 月,胡适不顾众人的反对,脱去自己极力标榜的"自由"和"民主"的外衣,趋炎附势,出席了所谓的"国大"。作为第一个大会执行主席,主持通过了蒋介石炮制的《中华民国宪法草案》,以其在海内外思想文化界的独特影响力,粉饰了蒋介石"民主"的伪装,竭尽全力为其"捧场"。此时,胡适虽然还是心向学术,但由于不甘寂寞、不肯疏远于政治,抱定英美式民主的政治理想,渐渐陷入蒋介石的政治泥潭,再也拔不出脚来。

1948 年 11 月 20 日,在内战大局已定的情况下,胡适在北平傅作义的华北"剿总"讲演时,还在信口雌黄,大讲"和比战难""苦撑等变",把国民党的内战比作"圣战",是"民主、自由、平等与集权、恐怖、残忍,两种不同生活方式的斗争",肆意攻击共产党和共产主义。

据胡适的学生季羡林回忆:"有一天我到校长办公室去见适之先生,一个学生走进来对他说:昨夜延安广播电台曾对他专线广播,希望他不要走,北平解放后,将任命他为北大校长兼北京图书馆的馆长。他听了以后,含笑对那个学生说:人家信任我吗?"

于是,1948 年 12 月 14 日,胡适登上了蒋介石派来的专机,走上了与共产党决裂的道路。

1949 年,毛泽东针对美国国务院发表的《美国与中国的关系》("白皮书"),连续发表五篇评论,文中对个人民主主义者进行了批评和劝告,其中几处直接或间接提到了胡适。

在《丢掉幻想,准备斗争》一文中,毛泽东写道:

为了侵略的必要,帝国主义给中国造成了数百万区别于旧式文人或士大夫的新式的大小知识分子。对于这些人,帝国主义及其走狗中国的反动政府只能控制其中的一部分人，到了后来，只能控制其中的极少数人，例如胡适、傅斯年、钱穆之类，其他都不能控制了，他们走到了它的反面……有一部分知识分子还要看一看。他们想，国民党是不好的，共产党也不见得好，看一看再说。其中有些人口头上说拥护，骨子里是看。正是这些人，他们对美国存着幻想。他们不愿意将当权的美国帝国主义分子和不当权的美国人民加以区分。他们容易被美国帝国主义分子的某些甜言蜜语所欺骗，似乎不经过严重的长期的斗争，这些帝国主义分子也会和人民的中国讲平等，讲互利。他们的头脑中还残留着许多反动的即反人民的思想，但他们不是国民党反动派，他们是人民中国的中间派，或右派。他们就是艾奇逊所说的"民主个人主义"的拥护者。

胡适没有搭乘蒋介石的飞机直接去台湾，而是于1949年4月6日，在解放军的隆隆炮声中再次登上从上海开往美国的轮船，与祖国诀别。他在美国租赁的纽约东81街104号那所破烂不堪的公寓里度过了那段几乎使他的经济状况和健康状况陷入绝境的困苦日子。为了避免坐吃山空，这位"五四"新文化运动的风云人物，只得屈尊接受普林斯顿大学的聘请，在葛思德东方图书馆做一个管理中文图书的小职员。

毛泽东预言 21 世纪替胡适恢复名誉

1949年4月29日，胡适刚刚抵达纽约的第三天，他的老朋友、史学家陈垣致信于他。该信于1949年5月11日在《人民日报》以《北平辅仁大学校长陈垣给胡适的公开信》为标题发表。在信中，陈垣诚恳地规劝胡适正视现实，幡然觉悟，批判过去的旧学问，回到新青年之中，为广大的人民服务—— 一封给胡适的公开信能够在共产党机关报发表,毫无疑问,毛泽东始终给胡适敞开着大门。

然而,胡适囿于他顽固的反共情结,在日记中表示了对该信的"鄙视和厌恶",并于 1950 年 1 月 9 日在台湾《自由中国》发表《共产党统治下"决没有自由"——跋所谓〈陈垣给胡适的一封公开信〉》,明确表示了拒绝"挽救"的强硬态度。10 月,他又在美国《外交季刊》上发表《斯大林策略下的中国》这篇反共文章,这使得毛泽东争取胡适的希望从无奈中走向了破灭。

此时此刻的胡适,已将自己装扮成一个彻头彻尾的反共骑士,利用美国人和蒋介石别有用心地套在他头上的种种光环,连篇累牍地发表反共言论,为危机四伏的国民党黑暗统治映照出一丝隐晦的亮色——胡适自己关闭了毛泽东为他敞开的大门。

1954 年,中国大陆掀起了一场声势浩大的批判俞平伯的《〈红楼梦〉研究》运动,后来转向批判俞平伯的老师胡适。胡适由学界泰斗一下变成声名狼藉的人物,批判者称他为"实用主义的鼓吹者""洋奴买办文人""马克思主义的敌人"。当时,由中国科学院和中国作家协会共同成立了专门批胡的机构即周扬所称的"讨胡委员会"。在郭沫若的领导下,出版了《胡适思想批判》8 辑约 200 万字,另有别的出版社出的批胡著作 30 本,总计有 300 万言之多。

这些批判文章,在大陆可能没有一个人通读过,可胡适全部都读了,并在有些地方做了些富于谐趣的批注。对这种自上而下发动的批判,胡适将其看作自己的资产阶级学术思想乃至政治信念的胜利,是另一种对自己的抬举和宣传方式。胡适一再和友人说:"这些谩骂的文字,也同时使我感到愉快和兴奋,因为我个人四十年来的一点努力,也不是完全白费的,毕竟留下了大量的毒素。这种毒素对于马列主义好比瘟疫,还发生抗毒和防腐的作用。"

　　胡适对自己早年曾欣赏和支持过的毛泽东，似乎越来越反感。1959 年 3 月 11 日，胡适读到大陆出版的毛泽东《诗词十九首》，在当天的日记中写道：

　　看见大陆上所谓"文物出版社"刻印的毛泽东《诗词十九首》，共九页。真有点肉麻！其中最末一首即是"全国文人"大捧的《蝶恋花》词，没有一句通的！抄在这里：

　　游仙·赠李淑一

　　我失骄杨君失柳，杨柳轻飏直上重霄九。

　　问讯吴刚何所有，吴刚捧出桂花酒。

　　寂寞嫦娥舒广袖，万里长空且为忠魂舞。

　　忽报人间曾伏虎，泪飞顿作倾盆雨。

　　我请赵元任看此词押的舞、虎、雨，如何能与"有"韵字相押。他也说，湖南韵也无如此通韵法。

　　胡适说这首脍炙人口的《蝶恋花》"没有一句通的"，此话讲得太过，已不是什么诗歌评论，恐怕已是赤裸裸的诋毁了，可谓"胡说""胡批"。

　　胡适经过"严密"地"论证"，还请教了著名语言学家赵元任，最终得出了毛泽东词《蝶恋花》就是照方言也不押韵的结论。按"蝶恋花"词牌要求，毛泽东的词的确"出格"了、"破韵"了。但这样的韵脚犯忌，一向重视用韵、深谙格律的毛泽东自然很明了。1958 年 12 月，毛泽东在该词作的"作者自注"中说："上下两韵，不可改，只得仍之。""不可改"说明毛泽东是为了不因韵害意而"破格"。如此用韵，意与声谐，浑然天成，所以也就"只得仍之"了。诗言志，既然格律是为了表情达意服务的，"情动绳墨外，笔端起波澜"（臧克家语），这时又何必胶柱鼓瑟呢？毛泽东在遵循词律的大前提下，根据表达需要而做一点灵活变通，不也可以看作是他"旧体诗词要发展，要改革"诗论的一种艺术尝试吗？所以，胡适的批评未免太死板、太苛刻了，有违自己一向主张的"尝试"精神，同时也或多或少是一种有失大家气度的"泄私愤"。

尽管如此，晚年的胡适，还是不无欣赏地对身边人说："共产党中，白话文写得最好的还是毛泽东。"

1956年2月的一天，毛泽东在怀仁堂宴请出席全国政协会议的知识分子代表时说："胡适这个人也顽固，我们托人带信给他，劝他回来，也不知他到底贪恋什么？批判嘛，总没有什么好话，说实话，新文化运动他是有功劳的，不能一笔抹杀，应当实事求是。21世纪，那时候，替他恢复名誉吧。"

"学生"并没有全盘否定"老师"，对其评价还是十分公正的。这恐怕是胡适连做梦也想不到的吧！毛泽东的话是很真诚的，显示了一个伟大政治家的宽广胸怀，同时也是表示对胡适已无争取的可能性。

1957年2月16日，毛泽东在颐年堂的一次讲话中，再次肯定了胡适，"他对中国启蒙运动起了作用"，"不能全盘抹杀胡适"。

1964年8月18日，毛泽东在与哲学工作者谈话时，又一次提到了胡适，此时，胡适已经去世两年多了。毛泽东说：《红楼梦》写出来有二百多年了，研究红学的到现在还没有搞清楚，可见问题很难。有俞平伯、王昆仑，都是专家。何其芳也写了个序，又出了个吴世昌。这是新红学，老的还不算。蔡元培对《红楼梦》的观点是不对的，胡适的看法比较对一点。"

毛泽东品鲁迅

毛泽东生前多次坦言："我跟鲁迅的心是相通的。"毛泽东与鲁迅，是 20 世纪中国的两位伟人。毛泽东是伟大的思想家、政治家和革命家，文学造诣很高；鲁迅是伟大的思想家、文学家和革命家。他们的国学造诣都很深厚，都是国学大家。他们虽然未曾谋面，但是毛泽东对鲁迅充满了尊敬和敬仰之情，多次给予鲁迅很高的品评。

"鲁迅算不算国学大师"

鲁迅，原名周樟寿，和毛泽东一样属蛇，但年长毛泽东一轮，1881 年出生，浙江省绍兴县人。17 岁离开家乡，就读于南京江南水师学堂，后转到江南陆师学堂附设的矿务铁路学堂。1902 年，抱着科学救国的理想赴日本留学，先在东京弘文学院，后去仙台医学专门学校学医。

在日本，有两件事促使周树人改变了初衷。一是他无法忍受那些有着狭隘民族主义思想的日本学生对中国学生的无端歧视。二是在观看日俄战争教育幻灯片时，画面上一个被指控为俄军侦探的中国人被日军抓捕后要被砍头示众，而画面上许多中国同胞却麻木不仁。这极大刺痛了他的心灵。他痛感：愚弱的国民，即使体格如何健壮，也只能做毫无意义的示众的材料和看客。他认为首先要改变国人的精神。于是，他弃医从文，立志于文学。

1909 年回国后，周树人先后在杭州两级师范学堂、绍兴府中学堂、绍兴初级师范学堂等任教。辛亥革命后，应蔡元培之邀，他来到南京，在中华民国临时政府教育部任职。后随临时政府迁北京，继续在教育部任职，直到 1926 年 8 月离开。

在北京工作时期，周树人参加《新青年》的编辑工作和新文化运动，结识了李大钊和陈独秀等人。他以自己犀利的杂文和新颖的小说为新文化运动呐喊。1918 年 5 月，他第一次以"鲁迅"为笔名，在《新青年》上发表短篇白话小说《狂人日记》，揭露封建制度"吃人"的本质，发出"救救孩子"和推翻这个社会的呼声。此后，连续创作了《药》《孔乙己》等优秀白话小说和大量杂文。

1926 年，鲁迅因参加北京"三·一八"反帝爱国运动，支持学生，声讨军阀政府，被北洋军阀政府通缉，8 月被迫离开北京，先后在厦门大学、广州中山大学任教。

大革命失败后，中国共产党在上海领导开展了左翼文化运动，遭到国民党反动当局的残酷迫害和镇压。1927 年 10 月，鲁迅来到上海。他不顾反动当局的迫害，积极参与革命的文艺运动，以满腔的热情宣传进步思想，成为左翼文化运动的旗手。1930 年 3 月，鲁迅参与发起成立中国左翼作家联盟（简称左联），任常务委员，与瞿秋白等人一起领导左翼文艺运动。

1933 年，鲁迅担任中国民权保障同盟执行委员，与宋庆龄等一起为营救被国民党反动当局关押的共产党人和爱国人士而斗争。他积极响应中共中央提出的抗日民族统一战线的主张，表示"我无条件加入这战线，那理由就因为我不但是一个作家，而且是一个中国人"。

正当他全身心投入为争取民族独立和解放而奋斗之时，病魔却无情地夺走了他的生命。1936 年 10 月 19 日，鲁迅因肺结核病在上海逝世。上海民众自发地为他举行公祭。新中国成立后的1956年，他的遗体被从万国公墓迁葬至虹口公园，毛泽东为重建的鲁迅墓题字。

鲁迅一生创作了大量小说、散文、杂文、诗歌等作品，如《祝福》《阿Q正传》《呐喊》《彷徨》《朝花夕拾》等，为中国和世界留下了800多万字的皇皇著译。他的作品被译成英、日、俄、西、法、德等50多种文字。他以笔为武器战斗一生，被誉为"民族魂"、中国现代文学的旗帜和奠基人。毛泽东评价他是中华文化革命的主将。"横眉冷对千夫指，俯首甘为孺子牛"是他一生的写照。北京、上海、绍兴、广州、厦门等地先后建立了鲁迅博物馆、纪念馆等。他的小说、散文、诗歌、杂文有数十篇（首）被选入中、小学语文课本。小说《祝福》《阿Q正传》《药》等先后被改编成电影。

鲁迅先生的著作收入《鲁迅全集》。继1981年版《鲁迅全集》出版之后，2005年，《鲁迅全集》以崭新的面貌与广大读者见面，由人民文学出版社出版。新版文集中增收了鲁迅佚文24篇、佚信18封以及《两地书》原信68封，《答增田涉问信件集录》约10万字，总卷数由1981年版的16卷增至18卷。这次修订对注释进行了大量的增补和修改，新版《鲁迅全集》新增注释1000余条。

2006年，由国学网、中国人民大学国学院、百度国学频道等单位联合主办的"我心目中的国学大师评选"活动，评选出的"十大国学大师"是王国维、钱钟书、胡适、鲁迅、梁启超、蔡元培、章太炎、陈寅恪、郭沫若和冯友兰。此次评选活动通过网络、邮寄、短信等方式，共收到来自两岸三地以及海外华人的120多万张选票，其中王国维以最高得票数位居榜首。而康有为、辜鸿铭的落选和鲁迅的入选则引起了各界强烈争议。"鲁迅算不算国学大师"，成了这场热点争议中的焦点。

反对鲁迅入选者认为，国学大师对国学的研究一定要深要透，要成为专家，"鲁迅不但没有做到这点，还推行白话文毁灭文言，怎么能算是国学大师呢"？

首都师范大学文学院吴相洲教授说："鲁迅应该说是文学大师。鲁迅在国学上倡导少读甚至不读古书，而对西方的一些东西比较推崇。而在国学方面，有很多人的造诣和贡献都要比鲁迅大。"

中国人民大学国学院院长助理孟宪实也表示了类似看法："鲁迅在'整理国故'中确曾做过一些工作，但和他的小说散文创作相比，这并不是突出的成绩。他还曾努力贬低传统，对国学也没有推崇。这好像不是国学大师应有的态度。"

而作为我国著名国学名家姜亮夫的弟子、中国美术学院教授章祖安则指出，凡是研究先秦以后文化的学者，成就卓著也称不上国学大师，"谁听说过研究唐诗宋词、明清小说的被称为国学大师的？"按照这一标准，如鲁迅这样的大文豪也未必能称得上国学大师了。

而支持者则指出，鲁迅不但有巨大的文学成就，还有深邃的鲁迅思想，传统文化方面底蕴也很深厚，应该当选"国学大师"。清华大学的刘石教授列出了评选鲁迅为"国学大师"的四点理由：第一，鲁迅是真正的国学研究大家，他在每一个研究领域都达到经典的高度。比如其《中国小说史略》是一部自成体系的中国小说通史，为中国小说史研究奠定了第一块基石，始终影响着后学；第二，鲁迅开创了将文学与文化结合起来的新的研究方法，比如其《魏晋风度及文章与药及酒之关系》，对文学史研究者具有方法论的启发意义；第三，鲁迅在古籍整理方面有重要成果，"比如他的《鲁迅辑录古籍丛编》，就非常严谨、规范，已具有现代古籍整理的特点"；第四，鲁迅对中国文化的影响力极其深远，堪称中国人的"精神导师"。

在很多人心目中，对国学的定义，是指以儒学为主体的中华传统文化与学术，而且这还是在历史长河中，被封建君主改造过的传统文化与学术。在 21 世纪的中国，这样的国学定义自然显得不合时宜。国学的概念，到了今天，其范畴和内涵已经发生了深刻变化。对于国学这个概念，大部分学者都倾向推举国粹派学人邓实在其《国学讲习记》中对国学的定义："国学者何？一国所有之学也。有地而人生其上，因以成国焉，有其国者有其学。学也者，学其一国之学以为国用，而自治其一国也。"也就是说，除了我们熟悉的那些传统文化经典，医学、戏剧、书画、星相、数术等，这些也应当属于国学范畴。

国学网等几家机构组织的这个活动，显然是以一个宽广的定义，而不是狭隘的定义来阐述国学的，不然蔡元培、鲁迅等人也不会入选大师的行列了。同时，这也反映了网友对国学这个定义应是心里有数的，对于国学这样的传统文化概念也有着新的认识和体会。从活动第一轮的投票结果来看，入选的这些大师，不仅有王国维这样在古代文学研究方面有着深刻造诣的大师，也有偏于中国教育事业的蔡元培。鲁迅的入选也是网友们的一致推选。

一些人关注的是鲁迅对传统文化的批判的一面，却忽视了鲁迅自日本求学时期以来一直坚持的"新生"观——取今复古，别立新宗。鲁迅对传统文化特别是儒家的批判，具有历史背景，当时复古派的猖狂和国内环境，驱使鲁迅只能更多地批判。但值得注意的是，鲁迅的思想中存在一个复古的一面，这复古与复古派恢复到儒教本源的做法截然不同，他是要返回到先秦文化，去梳理"民族固有之血脉"，其终极目标是新生。

鲁迅在日本时期就发表了《文化偏至论》，提出"取今复古，别立新宗"的论断。鲁迅所要反对的，是戕害中国人生命力和创造力的文化；鲁迅所要发扬的，是中国脊梁人物身上的品质。扼要地说，鲁迅所要复的，是前人创造文化的动因，而非成果，他所提倡的新宗是古今合璧的新生。鲁迅对先秦文学的价值做了独到的认可，这表现在对屈原文学成就的高度评价——放言无惮，为前人所不敢言；另外指出老子思想的致命弱点，是"不撄人心"，人心枯槁，生命力萎缩；孔子思无邪的诗教理论，让中国人的心声得不到充分抒发，必然导致诗歌精神的枯萎——诗歌本来应该是最能表达情感的。

回国十年时间里，鲁迅主要研究古代小说，更加深入地体察中国文化自先秦以来的演变。鲁迅的《中国小说史略》和《汉文学史纲要》的与众不同在于，他以文学家、思想家、学问家的三重身份去梳理中国文化，见解不仅独到而且深邃，所以近百年来无人能出其右。这期间，鲁迅对传统文化特别是儒家文化批判和否定居多，但鲁迅已经开始以先秦文化为题材创作小说：《不周山》《奔月》《铸剑》，开始了建构先民生命力体系的工作。

综上可知，显而易见，鲁迅是当之无愧的国学大师。

毛泽东与鲁迅的互慕和神交

鲁迅先生虽然没有见过毛泽东，但是对毛泽东却非常佩服。1931年10月，鲁迅向左联文委书记冯雪峰以及茅盾打听中央苏区和毛泽东的情况，极为佩服朱毛在第二次反"围剿"斗争中的战绩，因为他们把气焰嚣张的国民党反动派"吓坏了"。鲁迅对英勇作战的红军十分钦佩。

1932年秋，在战斗中负伤的陈赓从鄂豫皖红四方面军来到上海养伤，在冯雪峰等人的陪同下，鲁迅曾在家中两次会见陈赓。陈赓讲述的红军英勇战斗的情形以及许多可歌可泣的英雄故事，给鲁迅留下了深刻印象。鲁迅非常重视这次谈话,以后一再提及,认为确实比《铁流》《毁灭》里写的内容更动人。他曾一度想写一部反映苏区红军战争题材的小说,但是终因没有实际生活经验而未动笔。

1933年年初,临时中央从上海迁入中央苏区首府江西瑞金。临时中央领导人博古提议,可以让鲁迅来当中华苏维埃共和国中央政府的教育人民委员(教育部长),主持中央苏区的教育工作。中共中央派到鲁迅身边的联络员冯雪峰不赞成博古的意见,认为博古不了解鲁迅,低估了鲁迅在白区文化工作中的重要作用,并提出还是让瞿秋白来主持教育工作为好。

1934年1月,因为冯雪峰在上海的安全难以保证,党中央把他调到瑞金,担任中央党校副校长。毛泽东此时受到博古、李德等人的"无情打击",被剥夺了对红军的领导权,被排挤出核心领导层。处境艰难的毛泽东听说冯雪峰来到了瑞金,便专门拜访了他。毛泽东非常遗憾地说:"'五四'时期在北京,弄新文学的人我见过李大钊、陈独秀、胡适、周作人,就是没有见过鲁迅。"冯雪峰向毛泽东介绍上海的工作和左翼文艺阵营的活动,特别详细地介绍了鲁迅的情况。毛泽东对冯雪峰讲述的鲁迅的事情尤其感兴趣。

冯雪峰告诉毛泽东,有一个日本人曾经说过,全中国只有两个半人懂得中国:一个是蒋介石,一个是鲁迅,半个是毛泽东。毛泽东听后哈哈大笑,他在沉吟片刻后说:"这个日本人不简单,他认为鲁迅懂得中国,这是对的。"

冯雪峰还告诉毛泽东,鲁迅读过毛泽东的诗词,认为他有"山大王"的气概。毛泽东听了非常开心。

"山大王"当然只是一种形象的说法。毛泽东性格中的主导面是"虎气":藐视强权,对现存秩序的反抗。在毛泽东的诗词中,对于"山"

可谓情有独钟。他独创的"工农武装割据，建立农村革命根据地，以农村包围城市"理论，是对马克思主义的创造性的发展。中国革命离不开山。鲁迅以"山大王"气概来评论这位革命家诗人的作品，确是独具慧眼。所以毛泽东听到冯雪峰的转述，发出会心的大笑。

对于"山大王"的评价，毛泽东还有过更为直接的认同。1973年5月，毛泽东召见新接班人王洪文，问及王之年龄，王答已38岁。毛泽东说：你比我强多了，我像你这样大的时候还在井冈山喝南瓜汤呢。王洪文立即称颂"主席那时已经是伟大的革命领袖了"。毛泽东笑道："不，是山大王，落草为寇，杀富济贫。"

一天晚上，毛泽东再次约见冯雪峰。毛泽东的兴致很高："今晚约法三章：一不谈红米南瓜，二不说地主恶霸，我们不谈别的，只谈鲁迅。"毛泽东接着说，"我很早就读了鲁迅的作品，《狂人日记》《阿Q正传》都读过。阿Q是个落后的农民，缺点很多，但他要求革命。看不到或者不理会这个要求是错误的。鲁迅对群众力量有估计不足的地方，但他看到农民的要求，毫不留情地批评阿Q身上的弱点，满腔热情地将阿Q的革命要求写出来。我们共产党人和红军干部，很多人看不到，对群众的要求不理会，不支持，应该读一读《阿Q正传》。"毛泽东还对冯雪峰说，"我也想重读一遍，可惜当地找不到这部书。"毛泽东又问鲁迅这几年写了些什么，冯雪峰扼要介绍了鲁迅到达上海后所写的文章，尤其是在几次论争中的文章。

冯雪峰接着透露，临时中央有人主张请鲁迅到苏区来。毛泽东问："干什么？谁主张的？"冯雪峰解释说："不是正式主张，只是随便说说。"毛泽东叹息道："这些人真是一点也不了解鲁迅！"冯雪峰还把鲁迅不想离开上海，并谢绝到苏联去，认为在岗位上，总能打一枪两枪的想法详细告诉了毛泽东。毛泽东感慨地说："这才是实际的鲁迅！

一个人遇到紧要关头，敢于不顾个人安危，挺身而出，坚决将艰巨的任务承担下来，是符合人民愿望的最可贵的品格。我们民族几千年来多次濒临危亡，终于能够维持不堕，就因为人民有这样的品格，这点在鲁迅身上集中地体现出来。"

1935 年 10 月，毛泽东等中共领导人带领红军冲破蒋介石几十万大军的围追堵截，经过万里长征，胜利到达陕北。鲁迅听到这个消息非常高兴，写下了著名的《亥年残秋偶作》一诗，其中有"竦听荒鸡偏阒寂，起看星斗正阑干"的句子，表现了鲁迅遥望北斗星，对远在陕北的红军及毛泽东等中共领导人的无限牵挂之情。

1936 年 3 月 29 日，鲁迅抱病和茅盾一起为红军东征胜利给党中央和毛泽东发出了贺信："英勇的红军将领和士兵们，你们的英勇斗争，你们的伟大胜利，是中华民族解放史上最光荣的一页，全国民众期待你们更大的胜利，全国人民正在努力奋斗，为你们的后盾，为你们的声援，你们的每一步前进，将遇到热烈的欢迎与拥护。""在你们的身上，寄托着人类和中国的将来。"

鲁迅从毛泽东领导的共产党和工农红军身上，清醒地看到了"人类和中国的将来"，看到了中国革命和世界革命的无限光明前途。

1936 年 4 月，冯雪峰奉党中央之命离开陕北到上海同中共秘密组织建立联系。冯雪峰在上海住到了鲁迅的家中，同鲁迅有了更加深入的交流。他向鲁迅讲述了红军长征的经过、遵义会议情况、党的抗日民族统一战线政策。鲁迅静静地倾听着，冯雪峰每次提到毛泽东，提到毛泽东周围的中共领导人，鲁迅总是流露出亲切信任的表情。鲁迅还委托冯雪峰把自己抱病编的瞿秋白《海上述林》以及购买的火腿送给毛泽东和周恩来。

1936 年年初，在上海的"托派"组织写信给鲁迅，对中共领导的民族统一战线及毛泽东为首的领导人加以攻击，企图挑拨鲁迅与中共的关系。6 月 9 日，已经病重的鲁迅口授了一封信，对他们进行了严厉的驳斥："你们的'理论'确比毛泽东先生们高超得多，岂但得多，简直一是在天上，一是在地下。但高超固然是可敬佩的，无奈这高超又恰恰为日本侵略者所欢迎……"对毛泽东们"我得引为同志，是自以为光荣的"。

鲁迅提及毛泽东见诸文字者为数不多，这是十分难得的一次。基于此点，毛泽东在新中国成立后的多次讲话中都提到了鲁迅，称赞"鲁迅是真正的马克思主义者，是彻底的唯物主义者"。

1936 年 10 月鲁迅病逝后，根据毛泽东的提议，中共中央和中华苏维埃共和国政府联名发表了《为追悼鲁迅先生告全国同胞和全世界人士书》《致许广平女士的唁电》《为追悼与纪念鲁迅先生致中国国民党委员会与南京国民党政府电》。

鲁迅病逝后，党中央委托冯雪峰主持治丧工作。冯雪峰还特意把毛泽东的名字写进了鲁迅治丧委员会的名单中。1937 年 1 月，冯雪峰回延安汇报工作，毛泽东一再关切地询问鲁迅逝世前后的情况，表示了对鲁迅的深切怀念之情。

毛泽东说：鲁迅是现代中国的圣人

毛泽东爱读鲁迅的书，非常推崇鲁迅的人格、思想和文学功绩，在其著作、报告、讲演和口头谈话中，有不少关于鲁迅的论述，仅 130 万余字的《毛泽东选集》四卷本中就达 20 处之多。

1937 年 10 月 19 日，陕北公学纪念鲁迅逝世一周年大会上，毛泽东发表演讲，谈到心目中鲁迅的崇高地位：

　　我们今天纪念鲁迅先生，首先要认识鲁迅先生，要懂得他在中国革命史中所占的地位。我们纪念他，不仅因为他的文章写得好，是一个伟大的文学家，而且因为他是一个民族解放的急先锋，给革命以很大的助力。他并不是共产党组织中的一人，然而他的思想、行动、著作，都是马克思主义的。他是党外的布尔什维克。尤其在他的晚年，表现了更年轻的力量。他一贯地不屈不挠地与封建势力和帝国主义做坚决的斗争，在敌人压迫他、摧残他的恶劣的环境里，他忍受着，反抗着，正如陕北公学的同志们能够在这样坏的物质生活里勤谨地学习革命理论一样，是充满了艰苦斗争的精神的。陕北公学的一切物质设备都不好，但这里有真理，讲自由，是造就革命先锋分子的场所。

　　鲁迅是从正在溃败的封建社会中出来的，但他会杀回马枪，朝着他所经历过来的腐败的社会进攻，朝着帝国主义的恶势力进攻。他用他那一支又泼辣，又幽默，又有力的笔，画出了黑暗势力的鬼脸，画出了丑恶的帝国主义的鬼脸，他简直是一个高等的画家。他近年来站在无产阶级与民族解放的立场，为真理与自由而斗争。鲁迅先生的第一个特点，是他的政治的远见。他用望远镜和显微镜观察社会，所以看得远，看得真。他在1936年就大胆地指出托派匪徒的危险倾向，现在的事实完全证明了他的见解是那样的准确，那样的清楚。

　　鲁迅在中国的价值，据我看要算是中国的第一等圣人。孔夫子是封建社会的圣人，鲁迅则是现代中国的圣人。我们为了永久纪念他，在延安成立了鲁迅图书馆，在延安开办了鲁迅师范学校，使后来的人们可以想见他的伟大。

　　鲁迅的第二个特点，就是他的斗争精神。刚才已经提到，他在黑暗与暴力的进袭中，是一株独立支持的大树，不是向两旁偏倒的小草。他看清了政治的方向，就向着一个目标奋勇地斗争下去，决不中途投降妥协。有些不彻底的革命者起初是参加斗争的，后来就"开小差"了。比如德国的考茨基、俄国的普列汉诺夫就是明显的例子。在中国这等人也不少。正如鲁迅先生所说，最初大家都是左的，革命的，及到压迫来了，马上有人变节，并把同志拿出去献给敌人作为见面礼。鲁迅痛恨这种人，同这种人做斗争，随时教育着训练着他所领导下的文学青年，教他们坚决斗争，打先锋，开辟自己的路。

鲁迅的第三个特点是他的牺牲精神。他一点也不畏惧敌人对于他的威胁、利诱与残害，他一点不避锋芒地把钢刀一样的笔刺向他所憎恨的一切。他往往是站在战士的血痕中，坚韧地反抗着、呼啸着前进。鲁迅是一个彻底的现实主义者，他丝毫不妥协，他具备坚决的心。他在一篇文章里，主张打落水狗。他说，若果不打落水狗，它一旦跳起来，就要咬你，最低限度也要溅你一身的污泥。所以他主张打到底。他一点没有假慈悲的伪君子的色彩。现在日本帝国主义这条疯狗，还没有被我们打下水，我们要一直打到他不能翻身，退出中国国境为止。我们要学习鲁迅的这种精神，把它运用到全中国去。

综合上述这几个特点，形成了一种伟大的"鲁迅精神"。鲁迅的一生就贯穿了这种精神。所以，他在文艺上成了一个了不起的作家，在革命队伍中是一个很优秀的很老练的先锋分子。我们纪念鲁迅，就要学习鲁迅的精神，把它带到全国各地的抗战队伍中去，为中华民族的解放而奋斗！

毛泽东的演讲，被陕北公学学员汪大漠记录下来。汪大漠将演讲记录稿带到武汉后，交给曾协助鲁迅编过《海燕》杂志的左联重要成员、著名文艺理论家胡风。胡风将毛泽东的演讲稿刊载于自己主编的《七月》杂志上。

1981 年 9 月 22 日，《人民日报》发表了毛泽东这篇题为《论鲁迅》的演讲记录稿，后编入《毛泽东文集》第二卷。

1940 年 1 月，毛泽东在延安新创刊的《中国文化》杂志创刊号上发表了著名的《新民主主义论》，对鲁迅给予高度评价：

鲁迅是中国文化革命的主将，他不但是伟大的文学家，而且是伟大的思想家和伟大的革命家。鲁迅的骨头是最硬的，他没有丝毫的奴颜和媚骨，这是殖民地半殖民地人民最可宝贵的性格。鲁迅是在文化战线上，代表全民族的大多数，向着敌人冲锋陷阵的最正确、最勇敢、最坚决、最忠实、最热忱的空前的民族英雄。鲁迅的方向，就是中华民族新文化的方向。

在评价鲁迅的短短四句话中，毛泽东给予鲁迅"三家（伟大的文学家、伟大的思想家、伟大的革命家）五最（最正确、最勇敢、最坚决、最忠实、最热忱）"的最高政治定位。在毛泽东对古今中外人物的品评中，还没有第二个受到过如此高的评价，他把对鲁迅的评价推向了最高峰。

在 1942 年 5 月的延安文艺座谈会上，毛泽东发表了《在延安文艺座谈会上的讲话》。在这一篇专门谈文艺问题的讲话中，毛泽东提到的唯一一部文学作品就是鲁迅翻译的《毁灭》。

根据毛泽东的提议，1949 年 7 月，中国文学艺术工作者代表大会第一次会议在北平举行。会议召开期间，各位代表都获得了一枚特殊的像章，这就是毛泽东和鲁迅的双人像章。这枚像章为铜质，圆形，直径 2.2 厘米，中上方一面飘卷的红旗，有毛泽东和鲁迅的肖像，像章上方有"1949"的字样，下方"中华全国文学艺术工作者代表大会"15

个繁体字呈半圆形。毛泽东与鲁迅双人像章的出现，反映了毛泽东对鲁迅的深厚感情。

毛泽东对鲁迅著作的品评

据长期为毛泽东管理图书的工作人员回忆，毛泽东大量接触鲁迅作品，是在1938年8月《鲁迅全集》20卷本编辑发行之后。

1938年1月12日，毛泽东写信给在延安抗日军政大学任主任教员的青年哲学家艾思奇说："我没有《鲁迅全集》，有几个零的，《朝花夕拾》也在内，遍寻都不见了。"

毛泽东在此之前已经读了一些鲁迅作品，但由于种种原因，没有系统地读到鲁迅的全部著作，因此对《鲁迅全集》充满着浓厚的兴趣。

1938年8月，中国第一次出版了20卷本的《鲁迅全集》，毛泽东通过上海中共秘密组织得到了一套。毛泽东对这套《鲁迅全集》十分珍爱。在戎马倥偬的战争年代，毛泽东的不少书籍和用品都丢弃了，可是这套20卷本的《鲁迅全集》却一直伴随着他。新中国成立，进了中南海后，有一天，他在书房里阅读这套《鲁迅全集》，一边翻阅，一边饱含深情地对身边工作人员说："这套书保存下来不容易啊！当时打仗，说转移就转移，有时在转移路上还要打仗，书能保存到今天，我首先要感谢那曾为我背书的同志们！"

1949年12月，毛泽东首次访问苏联，他也随身带着几本鲁迅的著作，一有空就读。有一天，外事活动后回到住地，离开饭的时间不到半小时，他又拿出鲁迅的书读起来。开饭时间到了，工作人员把饭菜放在桌子上，轻声催他吃饭，他说："还有一点，看完就吃。"毛泽东一边用笔在书上圈圈画画，一边自言自语道，"说得好！说得好！"一直把20来页书读完，才去吃饭。他一边吃，一边笑着对工作人员说：

"我就爱鲁迅的书，鲁迅的心和我是息息相通的。我在延安夜读鲁迅的书，常常忘了睡觉。"

毛泽东阅读《鲁迅全集》非常认真仔细。从他在书上批画的情形来看，凡是原书中文字排印颠倒、错字漏字的地方，他都把它们一一改正过来。例如，《鲁迅全集》第四卷《二心集》中的《唐朝的钉梢》里有一段文字："那里面有张泌的《浣溪沙》调十首，其九云：晚逐香车入凤城，东风斜揭绣帘轻，慢回娇眼笑盈盈。消息未通何计从，便须伴醉且随行，依稀闻道太狂生。"这首词中的"消息未通何计从"的"从"字，如果仅仅从词义来看，看不出是一个错字；但从词律的音韵来看，显然是错了。毛泽东读到这里时，便将"从"字改为"是"字。中华书局出版的《全唐诗》卷八百九十八显示，原词确实是"是"字，而不是"从"字。1981年新版《鲁迅全集》据此做了改正。

在鲁迅的著作中，毛泽东最爱读、谈得最多的就是《阿Q正传》。在论述一些重大现实问题时，毛泽东常常运用阿Q的形象来表达自己的思想。

1937年3月，毛泽东会见了到延安访问的美国女作家史沫特莱，谈到《阿Q正传》。这是毛泽东谈鲁迅作品的第一次书面记载。毛泽东说：国内有一部分带着阿Q精神的人，扬扬得意地把我们的这种让步叫作"屈服、投降与悔过"，阿Q在任何时候他都是胜利的，别人则都是失败的。

在与斯诺谈话时，毛泽东批评蒋介石否认统一战线的事实，便以阿Q为例，说蒋介石是阿Q主义者，是看不到统一战线存在的自欺欺人。

1945年4月在中共七大预备会上的讲话中，毛泽东说阿Q斗争起来还算英勇，缺点是主观主义、宗派主义，加上党八股。

1956 年，毛泽东在《论十大关系》中赞扬"《阿 Q 正传》是一篇好小说"，"鲁迅在这篇小说里，主要是写一个落后的不觉悟的农民"。他特别指出："我劝看过的同志再看一遍，没有看过的同志好好地看看。"

　　1959 年庐山会议前期，他说要将《阿 Q 正传》印发给大家，提醒与会的中央委员们不要像阿 Q 一样，自己的毛病别人说不得，一触即跳。

　　在 1959 年中央军委扩大会议上，毛泽东谈道："阿 Q 这个人是有缺点的，缺点就表现在他那个头不那么漂亮，是个癞痢头，因为他就是讲不得，人家偏要讲，一讲就发火，发火就打架，打架打不赢，他就说儿子打老子。"在这里，毛泽东讲这些话，意在说明有缺点要允许别人讲，有缺点或犯错误的同志要准备听闲话，准备多听一点。

　　鲁迅的七律《自嘲》是毛泽东最为推崇的作品。鲁迅在书赠柳亚子的条幅上有"达夫赏饭闲人打油偷得半联凑成一律"的跋语，但毛泽东透过作者的自谦领悟到的则是展现诗人人格的严肃主题。所谓"偷得半联"，据郭沫若考证，出自宋人的诗句"饭饱甘为孺子牛"，经诗人对"孺子牛"这一典故的改铸，确实是起了质的变化。毛泽东在《在延安文艺座谈会上的讲话》中高度评价出自《自嘲》的"横眉冷对千夫指，俯首甘为孺子牛"一联，认为"应该成为我们的座右铭"，还说"一切共产党员，一切革命家，一切革命的文艺工作者，都应该学习鲁迅的榜样"，学他"做无产阶级和人民大众的'牛'，鞠躬尽瘁，死而后已"的精神。

　　如同鲁迅称赞毛泽东诗词有"山大王"的气概，毛泽东特别看重《自嘲》中的这一联，都是别具只眼。经毛泽东的弘扬，这一联已是公认的作者的人格自画像，是概括鲁迅精神最为精辟的警语。郭沫若在 20 世纪 60 年代初这样评价此联："虽寥寥十四字，对方生与垂死之力量，爱憎分明；将团结与斗争之精神，表现具足。此真可谓前无古人，后启来者。"毛泽东多次书写此联。1945 年 10 月在延安时书写过；1958 年 12 月在武昌应著名粤剧表演艺术家红线女之请求，再次书写，现在传世的墨迹正是这一幅。

20 世纪 60 年代初，毛泽东在一次谈话中说："鲁迅的战斗方法很值得学习。""鲁迅战斗方法的一个重要特点是，把所有向他射的箭，统统接过来，抓住不放，一有机会就向射箭的人进攻。人家说他讲话南腔北调，他就出《南腔北调集》。梁实秋说他背叛了旧社会，投降了无产阶级，他就出《二心集》。人家说他的文章用花边框起来，他就出《花边文学》。《申报》的'自由谈'的编者受到国民党的压力，发牢骚说，《自由谈》不要谈政治，只准谈风月，他就出了《准风月谈》。国民党骂他是堕落文人，他的笔名就用堕落文。他临死时还说，别人死前要忏悔，宽恕自己的敌人，但他对自己的'怨敌'，'让他们怨恨去，我也一个都不宽恕'。我们要学习鲁迅的这种战斗精神和方法。"

在推崇鲁迅的同时，毛泽东也实事求是地指出鲁迅的某些不足。1939 年 11 月 7 日，毛泽东在给周扬的信中曾说过："鲁迅在表现农民的作品中，看重其黑暗面和封建主义的一面，忽略其英勇斗争、反抗地主，即民主主义的一面，这是因为他未曾经历过农民斗争之故。"新中国成立后，在同音乐工作者的一次谈话中，毛泽东指出："在中医和京剧方面他（鲁迅）的看法不大正确。中医医死了他的父亲。他对地方戏还是喜欢的。"

毛泽东最爱鲁迅的杂文

1957 年前后，是毛泽东一生当中比较多地谈及鲁迅的时期，而他谈得最多的是鲁迅的杂文。

1957年3月8日，毛泽东在《同文艺界代表的谈话》中说：

鲁迅不是共产党员，他是了解马克思主义世界观的。他用了一番功夫研究，又经过自己的实践，相信马克思主义是真理。特别是他后期的杂文，很有力量。他的杂文有力量，就在于有了马克思主义世界观。我看鲁迅在世还会写杂文，小说恐怕写不动了，大概是文联主席，开会的时候讲一讲。这三十三个题目，他一讲或者写出杂文来，就解决问题。他一定有话讲，他一定会讲的，而且是很勇敢的。

中央宣传部办公室1957年3月6日印发的《有关思想工作的一些问题的汇集》，共汇集了33个问题，即毛泽东所说的"33个题目"。

1957年3月10日，毛泽东在接见新闻出版界代表时，谈道：

鲁迅的文章就不太软，但也不太硬，不难看。有人说杂文难写，难就难在这里。有人问，鲁迅现在活着会怎么样？我看鲁迅活着，他敢写也不敢写。在不正常的空气下面，他也会不写的，但是更多的可能是会写。俗话说得好："舍得一身剐，敢把皇帝拉下马。"鲁迅是真正的马克思主义者，是彻底的唯物论者。真正的马克思主义者，彻底的唯物论者，是无所畏惧的，所以他会写。现在有些作家不敢写，有两种情况：一种情况，是我们没有为他们创造敢写的环境，他们怕挨整；还有一种情况，就是他们本身唯物论没有学通。是彻底的唯物论者就敢写。鲁迅的时代，挨整就是坐班房和杀头，但是鲁迅也不怕。

1957年3月12日，毛泽东在中国共产党全国宣传工作会议上的讲话时说：

鲁迅后期的杂文最深刻有力，并没有片面性，就是因为这时候他学会了辩证法。列宁有一部分文章也可以说是杂文，也有讽刺，写得也很尖锐，但是那里面就没有片面性。鲁迅的杂文绝大部分是对敌人的，列宁的杂文既有对敌人的，也有对同志的。鲁迅式的杂文可不可以用来对付人民内部的错误和缺点呢？我看也可以。当然要分清敌我，不能站在敌对的立场用对待敌人的态度来对待同志。必须是满腔热情地用保护人民事业和提高人民觉悟的态度来说话，而不能用嘲笑和攻击的态度来说话。

1966 年 7 月 8 日，毛泽东在韶山滴水洞所写的一封信中指出："晋朝人阮籍反对刘邦，他从洛阳走到成皋，叹道：世无英雄，遂使竖子成名。鲁迅也曾对于他的杂文说过同样的话。我跟鲁迅的心是相通的。"这是引鲁迅为知音了，因此又说："我喜欢他那样坦率。他说，解剖自己，往往严于解剖别人。在跌了几跤之后，我亦往往如此。"鲁迅在毛泽东心目中的地位显然又提升了。

1971 年 11 月 20 日，毛泽东在同参加武汉地区座谈会人员谈话时说："我劝同志们看看鲁迅的杂文。鲁迅是中国的第一个圣人。中国第一个圣人不是孔夫子，也不是我，我算贤人，是圣人的学生。"

晚年的毛泽东，"读鲁迅"的兴致并没有因体衰多病有所减少，反而更甚。他在考虑起用一大批老干部时说，要"打破'金要足赤''人要完人'的形而上学错误思想"，大概也是借用了鲁迅在《准风月谈·关于翻译（下）》的说法。毛泽东还号召各级领导干部"读点鲁迅"。

毛泽东与冯友兰

2006年，由百度国学频道等单位联合主办的"我心目中的国学大师评选"活动的评选结果中，著名哲学家、被誉为"现代新儒家"的冯友兰先生榜上有名。

冯友兰，字芝生，1895年12月4日生于河南省唐河县祁仪镇。父亲名台异，字树侯，清光绪年间戊戌科进士。家境殷富，极重教育，堪称"诗礼人家"。冯友兰7岁上学，先读《诗经》，次读《论语》《孟子》，再读《大学》《中庸》《书经》《易经》和《左传》，从头至尾，反复吟诵，从小就奠定了坚实的国学基础。

1912年，冯友兰入上海中国公学大学预科班，1915年入北京大学文科中国哲学门，1919年赴美留学，1924年获哥伦比亚大学博士学位。回国后历任中州大学、广东大学、燕京大学教授、清华大学文学院院长兼哲学系主任。

抗战期间，冯友兰任西南联大哲学系教授兼文学院院长。1946年赴美任客座教授。1948年年末至1949年年初，任清华大学校务会议主席。曾获美国普林斯顿大学、印度德里大学、美国哥伦比亚大学名誉文学博士。1952年后一直为北京大学哲学系教授。

在燕京大学任教期间，冯友兰讲授中国哲学史，分别于1931年、1934年完成《中国哲学史》上、下册，后作为大学教材，为中国哲学史的学科建设做出了重大贡献。

从 1939 年到 1946 年的 7 年间，冯友兰连续出版了 6 本书，称为"贞元之际所著书"：《新理学》（1937）、《新世训》（1940）、《新事论》（1940）、《新原人》（1942）、《新原道》（1945）、《新知言》（1946）。通过"贞元六书"，冯友兰创立了新理学思想体系，使他成为中国当时影响最大的哲学家。

20 世纪五六十年代是冯友兰学术思想的转型期。新中国成立后，冯友兰放弃其新理学体系，接受马克思主义，开始以马克思主义为指导研究中国哲学史。著有《中国哲学史新编》第一、二册《中国哲学史论文集》《中国哲学史论文二集》《中国哲学史史料学初稿》《四十年的回顾》和七卷本的《中国哲学史新编》等书。

冯友兰先生和马克思主义哲学家毛泽东有着不同寻常的交往，毛泽东对冯友兰有着颇多的点评。

新中国成立伊始的书信交往

毛泽东与冯友兰的交往始于 1949 年 10 月。

1949 年 10 月 1 日，冯友兰参加了新中国的开国大典，当聆听了毛泽东在天安门城楼上庄严地宣告"中华人民共和国中央人民政府成立了"时，他心潮起伏，思绪万千。几天后，即 10 月 5 日，冯友兰提笔给毛泽东写了一封信。信中说：

毛主席：

在你及中国共产党的领导下，中华人民共和国成立了。你们为中国人民开辟了一个新天地，为中国历史开了一个新纪元。这是关系全人类四分之一人的生死荣辱的一件大事，当然（也）是全世界的一件大事。

我参加了你在天安门就职的典礼,我感受到近几日来群众的欢乐。一切的新气象以及自北京解放以来的所见所闻,使我深切相信你所说的,中国人民不但是站起来了,并且一个文化的高潮即将来临,使中国以具有高度文化的民族的姿态出现于世界。

在参加这几日的庆祝的时候,我于欢喜之中,感觉到十分愧悔,因为在过去我不但对于革命没有出过一份力量,并且在抗日战争时期与国民党发生过关系,我以前所讲的哲学,有唯心及复古的倾向。这些在客观的社会影响上讲,都于革命有阻碍。

各方面对于我的批评我都完全接受,但是我也要表示,我愿意随着新中国的诞生,努力改造自己,做一个新的开始,使我能跟着你及中国共产党,于新中国的建设中,尽一份力量。

……我计划于五年之内,如政协共同纲领所指示的,以科学的历史的观点,将我在二十年前所写的《中国哲学史》,重新写过,作为一个新编。诚如你所说的,我们不但要知道中国的今天,还要知道中国的昨日。

我愿以此项工作迎接将要来临的文化高潮,并响应你的号召……

冯友兰为什么要写信给毛泽东呢?

他晚年回忆道:"当时有许多人向毛泽东写信表态,我也写了一封。"

开国前后,毛泽东异常繁忙,但他还是很快给冯友兰写了回信:

友兰先生:

10月5日来函已悉。我们是欢迎人们进步的,像你这样的人,过去犯过错误,现在准备改正错误,如果能实践,那是好的。也不必急于求效，可以慢慢地改，总以采取老实态度为宜。

此复。敬颂

教祺！

毛泽东

10 月 13 日

　　冯友兰后来回忆说，接到毛泽东回信，他有两点很意外的感受：其一是，"我不料毛泽东的回信来得如此之快，并且信还是他亲笔写的，当时颇有意外之感"；其二是，"信中最重要的一句话'总以采取老实态度为宜'，我不懂。而且心中有一点反感，我当时想，什么是老实态度，我有什么不老实"。多年后，冯友兰反省道："经过了30多年的锻炼，我现在才开始懂得这句话了。"冯友兰认识到掌握马克思主义的立场、观点、方法"谈何容易"，至于要应用到哲学史的研究工作中"那就更困难"，要真正学习并应用马克思主义，就必得"马克思主义'化'了才行"，"这样的'化'岂是三年五载的时间所能完成的？没有这样的程度，而要重新写《中国哲学史》，那也不会新到哪里，充其量也不过是用马克思主义的字句生搬硬套而已"。于是，他终于认识到：1949年给毛泽东信中所说的"要用马克思主义的立场、观点、方法，在五年之内重写一部中国哲学史，这话真是肤浅之至，幼稚至极"，"明眼人一看就知道是大话、空话、假话。夸夸其谈，没有实际的内容，这就是不老实态度"。

　　冯友兰还进一步反思自己走过的历程，认为：如果我从解放以来，能够一贯采取老实态度，那就应该实事求是，不应该哗众取宠。写文章只能写我实际见到的，说话只能说我所想说的。改造或进步，有一点是一点，没有就是没有。如果这样，"就可能不会犯在批林批孔时期所犯的那种错误"。

毛泽东多次接见和鼓励冯友兰

1956 年 1 月 14 日，党中央召开了关于知识分子问题的会议。毛泽东在会上也号召团结知识分子"向科学进军"，迅速赶上世界先进科学技术水平。为了繁荣和发展新中国的科学文化事业,1956 年 4 月，毛泽东在中央政治局扩大会议上提出了"百花齐放、百家争鸣"的方针。中国的知识分子无不欢欣鼓舞,迎来了思想改造后的第一个春天。

冯友兰作为党外人士的大知识分子、全国政协委员，在这一时期应邀参加了一系列政治和学术活动,因而与毛泽东有了多次直接接触和交谈的机会。

1957 年 2 月 27 日至 3 月 1 日，最高国务会议第十一次扩大会议在中南海怀仁堂召开，出席会议的各方面人士共有 1800 多人。冯友兰作为全国政协委员列席了这次会议。毛泽东在 27 日下午的会上，以"如何处理人民内部的矛盾"为题发表讲话。讲话分 12 个问题，从下午 3 点一直讲到晚上 7 点，他谈笑风生，讲得深入浅出，讲出了许多新观点、新思想，深深打动了在场的每个人，会场气氛非常活跃。

冯友兰亲耳聆听了毛泽东的精彩报告,这使他不禁联想起"谈笑间，樯橹灰飞烟灭""指挥若定失萧曹"的诗词名句中的周瑜和诸葛亮。冯友兰充满钦佩地说:"当然，毛主席的讲话是心怀全国，眼观全球，迥非周瑜、诸葛亮可比。但他确实是在谈笑之间，指挥若定，虽然担负着全国的革命重担，但又有举重若轻、若无其事的气象。"

1957 年 3 月 6 至 13 日，中共中央在北京召开了全国宣传工作会议，研究思想动向和意识形态方面的问题，认真贯彻"双百"方针。冯友兰出席了这次会议,又一次聆听了毛泽东具体阐述知识分子和"双百"

方针等问题的重要讲话。

3月11日晚，毛泽东邀请了包括冯友兰在内的部分大学负责人在颐年堂座谈。此前，冯友兰发表了《论中国哲学遗产的继承问题》一文，其中对孔子说的"学而时习之，不亦说乎"做了抽象意义和具体意义的新解，认为这句话的抽象意义可以继承。座谈会开始时，毛泽东一看到冯友兰进来，就主动地和他打招呼，并说："学而时习之，不亦说乎？"可见，毛泽东已经阅读过他的文章。会上，毛泽东请冯友兰发言。冯友兰提出了一些关于中国哲学史方面的问题，说："照现在讲法，有些很难讲通。"毛泽东说："那是简单化了。不可以简单化。"散会时，毛泽东拉着冯友兰的手说："好好地鸣吧，百家争鸣，你就是一家嘛。你写的东西我都看。"一番亲切的话语，使冯友兰深受鼓舞。

1957年4月11日，毛泽东在中南海颐年堂的家中请冯友兰、金岳霖、贺麟、郑昕、胡绳、周谷城、王方名等吃午饭。冯友兰后来回忆说，那天其他客人都先到了，只有他迟到了。"毛泽东问我说：'方才找你找不着，你是在上课吧？'我说：'不是上课。今天是任锐同志的周年，我上她的墓地扫墓去了。'毛泽东说：'任锐同志是孙维世的妈妈？'我说：'是的。'"任锐早年参加革命，是冯友兰妻子任载坤的二姐。后来胡绳也到了。毛泽东说："你们都是打过笔仗的人。"毛泽东问郑昕是哪一省的人，郑昕说是安徽的。毛泽东说："你们安徽出过曹操，曹操是个大人物，他比别人高明之处，在于他认识到粮食的重要。"在上饭的时候，毛泽东说："我这饭叫四面八方人马饭，其中有各种米，还有许多豆类，人、马都可以吃，所以叫人马饭。"

冯友兰后来评价说："曹操注重粮食的生产，这是众所周知的，可是把它归结为一句话，以为这是曹操的特点，这是前人所没有说过的。这是'读书得间'，对于研究历史的人是一个启发。"这是冯友兰初次到毛泽东家吃饭，他感叹道："毛主席的生活是简朴的。当时中南海的其他地方，如怀仁堂之类，都经过改建，油漆一新。颐年堂还是很陈旧的样子……他的起居饮食，看样子也不过是像一个生活比较优裕的教授一样，真是书生本色。"

1962年4月，政协全国委员会开大会，冯友兰在会上就他写《中国哲学史新编》做了一个发言。4月15日下午闭会时，毛泽东和中央全体领导同志接见到会的委员，并在一起照相。冯友兰恰好站在毛泽东、刘少奇和周恩来的座位后面。毛泽东就座时，看见冯友兰就拉着他的手说："你的身体比我的身体好。"冯友兰说："主席比我大。"毛泽东说："不行了，我已经露了老态。"

毛泽东又问了一遍《中国哲学史新编》进展的情况，并说："你的中国哲学史写完以后，还要写一部西方哲学史吧？"冯友兰说："我只能写中国的,写西方哲学史的任务已经派给别人了。"毛泽东说："对于孔子,你和郭沫若是一派。"说到这里，刘少奇插话说："你的发言很好，言简意赅。"周恩来也向毛泽东介绍说："这一次开会，他是三代同堂:任芝铭任老是他的岳父，孙维世是任老的外孙女，是第三代。"毛泽东点点头。

这次会见，冯友兰感觉很好，说："在这一次谈话中，无论是就谈话的内容还是谈话的态度来说，毛泽东都好像是对待多年不见的老朋友一样。"因此，他回家后，情不自禁地赋诗一首：

怀仁堂后百花香，浩荡春风感众芳。
旧史新编劳询问，发言短语谢平章。
一门亲属传佳话，两派史论待衡量。
不向尊前悲老大，愿随日月得余光。

"文革"中毛泽东保护冯友兰

1966 年 6 月，史无前例的"文化大革命"爆发了。运动一开始，冯友兰就被打成"资产阶级反动学术权威"，成了"牛鬼蛇神"，被抄家，被关进"牛棚"。

然而，1968 年 11 月 18 日，冯友兰突然被释放回家。冯友兰很想知道为什么如此宽大处理了自己？

后来有人悄悄告诉他说："毛主席在一次中央的会上提到你和翦伯赞。毛主席说，'北京大学有一个冯友兰，是讲唯心主义哲学的，我们只懂得唯物主义，不懂得唯心主义，如果要想知道一点唯心主义，还得去找他。翦伯赞是讲帝王将相的，我们要想知道点帝王将相的事，也得去找他。这些人都是有用的。对于知识分子，要尊重他们的人格。'"

回家后，冯友兰给毛泽东写了感谢信，又于 12 月 26 日毛泽东生日，作《蝶恋花·韶山颂》词一首：

红日当空耀奇彩，照遍全球，开创新时代。五洲万国祝寿恺，长领革命向前迈。

辜负期望十九载，反动路线，罪行深如海。承蒙教育今又再，追随正路永不怠。

1971 年 6 月 5 日，谢静宜到冯友兰家。"毛主席教她告诉我说，我给他的信他看见了，谢谢我。毛泽东并且派她向我问候。这使我很受感动。我写了一封感谢信，还作了一首诗，托谢静宜转达。"这首诗是这样写的：

善救物者无弃物，善救人者无弃人。

为有东风着力勤，朽株也要绿成阴。

1972 年 8 月，文芷来采访冯友兰后，写成《"朽株也要绿成阴"——冯友兰访问记》，收入《中国知识分子近言录》。

1973 年，"批林批孔"运动开始后，冯友兰心里又暗自紧张起来，害怕自己这个"尊孔派"又要成为"众矢之的"了。后来他又想，自己何必怕呢？只要和群众一道"批孔"，这不就没有问题了嘛。在这种思想指导下，他写了《对于孔子的批判和对于我过去的尊孔思想的自我批判》和《复古与反复古是两条路线的斗争》两篇文章。前文，是在北大哲学系全体师生大会上的发言；后文，是在北大老年教师"批林批孔"大会上的发言。这两篇文章，在当时"批林批孔"的大背景下果然很受欢迎。

不久，冯友兰这两篇文章同时被刊于《北京大学学报》1973 年第四期。接着，《光明日报》于 12 月 3、4 两日，予以全文转载，并特地加了"编者按"。再接着，《北京日报》也转载了全文及"编者按"。后来，全国各大报刊都纷纷转载，连冯友兰自己也被弄糊涂了。

直到 1974 年 1 月 25 日，从谢静宜在国务院直属单位"批林批孔"大会上的报告中才"得到一些线索"。冯友兰回忆道："谢静宜说，在有一次会上，北大汇报'批林批孔'运动的情况，说到我那两篇文章，毛泽东一听说，马上就要看。谢静宜马上回家找到这两篇文章，回到会场交给毛泽东。据说毛泽东当场就看，并且拿着笔，改了几个字，甚至还改了几个标点符号。后来就发表了。她可没有说是毛泽东亲自教发表的呢，还是下边的人揣测毛泽东的意思而发表的。也没有说《光明日报》那篇'编者按'，是谁执笔写的。无论如何，自从这两篇文章发表以后，各地的群众鼓励我的信蜂拥而来，每天总要收到好几封……在领导和群众的鼓励下，我暂时走上了'批林批孔'的道路。""1973年我写的文章主要是出于对毛主席的信任，总觉得毛主席、党中央一定比我对。"

毛泽东晚年曾有过一个讲话录音，其中谈到冯友兰。他说："冯友兰，中国哲学史是能写的，他的观点是唯心论的。"虽然有唯心论与唯物论的分歧，但是从学术的角度来评价人物，毛泽东对冯友兰却是很欣赏，所以多次做出正面的评价，使得冯友兰在"文革"中得到保护。

1976年9月9日，一代伟人毛泽东病逝，举国哀悼。当晚，冯友兰作了一首挽诗。诗云：

神州悲痛极，亿兆失尊亲。
一手振华夏，百年扶昆仑。
不忘春风教，长怀化雨恩。
犹有鸿文在，灿烂照征尘。

9月18日，在天安门举行的毛泽东追悼大会上，冯友兰又作了一首挽诗。诗云：

纪念碑前众如林，无声哀于动地音。
城楼华表依然在，不见当年带路人。

毛泽东与赵朴初

1958 年 6 月 30 日，毛泽东接见了胡达法师率领的柬埔寨佛教代表团，中国佛教协会副会长赵朴初陪同会见。于是，毛泽东利用等待客人机会，兴致勃勃地问赵朴初有关佛教问题。

赵朴初的回答给毛泽东留下了很深的印象，后来他指着赵朴初对旁人说：“这个和尚懂得辩证法。”

赵朴初的佛教慈善路

赵朴初生于 1907 年 11 月 5 日（清光绪三十三年农历十月三十日），是卓越的佛教领袖、杰出的书法家、著名的社会活动家和伟大的爱国主义者。安徽省安庆市人。

1911 年，赵朴初随父母迁回老家太湖县寺前河居住。乳名“小开”，谱名“荣续”，号“朴初”。5 岁开始在家塾里读书，接受传统国学教育。

1920 年，13 岁的赵朴初离开了他童年生活的太湖县寺前河，来到中国最繁华的城市上海。1922 年春，赵朴初插班考入苏州东吴大学附中。1926 年，赵朴初以优异的成绩考入东吴大学。在所有的大学课程中，赵朴初特别爱听江南才女苏雪林的诗词课。幼年私塾已有基础，加上名师的指点，使他在诗词学业上大有进展。

赵朴初的表舅关絅之曾以同知（相当于地方政府厅一级长官）身份，做上海道尹袁树勋的幕僚，是同盟会会员，搭救过孙中山先生。

1921 年，关䌹之走上佛教道路，1922 年发起成立佛教居士林，这是全国第一个居士林团体。同年，创办净业社。1927 年，净业社迁入上海觉园。

净业社是上海江浙佛教联合会下属单位，赵朴初在这里做秘书，收发报纸，起草文件。关䌹之对赵朴初要求很严。第一次看到赵朴初起草的文字时，关䌹之皱着眉头，一边拿笔批改，一边婉言批评："你的国文很好，毛笔字也好，但佛教有佛教的门径，你要多看佛书。"从此，赵朴初开始研究佛经。

1929 年 4 月，中国佛教会成立，关䌹之被选为九人常委之一。从此，赵朴初和全国高僧大德的接触更加频繁了。年轻的赵朴初在这样一个佛化气氛里，不知不觉也走上了慈悲为怀、普度众生的道路。

1935 年秋天，一代高僧圆瑛法师在上海兴办圆明讲堂，经他介绍，赵朴初皈依佛门，成为在家居士。

在圆明讲堂，赵朴初接触了卷帙浩瀚的佛经。在经卷和高僧的影响下，赵朴初将自己在私塾和东吴大学所学的国学知识，融会贯通到佛学中去；他的诗词和书法造诣，也与日俱进了。

1934 至 1936 年间，中国佛教会改组，圆瑛任会长，赵朴初仍在会中任秘书，他同时又在后来成立的中华慈善团体联合救灾会工作。

1937 年上海"八·一三"抗战后，赵朴初积极进行抗日救亡宣传活动，动员和掩护 300 多名青壮年奔赴前线，千方百计地救济、安置难民。上海沦陷后，他冒着生命危险，克服重重困难，积极与新四军联系，把经过培训的千余名中青年难民，分批送往皖南新四军总部，其后陆续送往苏南、苏北等地参加抗战。

1938 年，赵朴初参加了职业界救亡组织上海益友社并担任理事长，参加了上海各界人士抗日统一战线组织"星二聚餐会"及其核心组织

"星六聚餐会"，积极宣传抗日主张，团结爱国人士，开展秘密斗争。

1941年，赵朴初通过李恩浩与陶希泉促成，由盛幼安出资，编辑出版大藏经和翻译巴利文藏经。请持松、芝峰、夏丏尊、黄幼希组成《大藏经》编委会，赵朴初担任总务，刊印出版了《普慧大藏经》。

1949年，为迎接上海解放，中共上海地下党组织通过赵朴初联络各界人士成立上海临时联合救济会，赵朴初任总干事。任务是收容战区难民，维护地方治安，接收国民党扔下的伤兵及散兵游勇并给予看管，防止他们扰乱社会。地下党组织决定，由赵朴初出面将美国援华的全部物资接收过来，以补充临时救济委员会的物资不足。如此艰巨任务，赵朴初都完成得很出色。新中国成立后，在"三反"中，经过清算和核查，所有经济账目和物资收支都一清二白。中共上海地下党的负责人张执一在回忆中说，他把这件事向周恩来总理汇报时，周恩来高度评价赵朴初说"解放前做救济工作的人，做到这样是很难得的。这个人要重用"。

1949年秋天，赵朴初从上海到北京出席中国人民政治协商会议第一届全体会议，见到了在会议上致开幕词的中共中央主席毛泽东。这是赵朴初第一次见到毛泽东。在10月9日全国政协举行的第一次会议上，毛泽东当选全国政协主席，赵朴初当选为全国政协委员和中国人民保卫世界和平委员会委员。

在此之前，赵朴初四叔之子、堂弟赵荣声曾于1937年春天去延安，受到毛泽东的接见。赵朴初叔父赵恩宏之子、著名京剧演员赵荣琛，曾在抗战时期的重庆为毛泽东专门演出过。

毛泽东批示："发扬佛教优良传统"

1952年11月4日至5日，中国佛教协会发起人会议在北京召开。

赵朴初是发起人之一，并为中国佛教协会发起人会议做了大量的筹备工作。会上决定成立中国佛教协会筹备处，由赵朴初担任筹备处主任。会后发表了《中国佛教协会发起书》。

1953年5月30日至6月3日，中国佛教协会成立会议在北京举行。来自西北、西南、东北、华中、中南、内蒙以及西藏和云南边境地区，包括汉、藏、蒙、傣、满、苗、维吾尔等七个民族的活佛、喇嘛、法师、居士代表120人出席了会议。赵朴初居士在会上做了《中国佛教协会发起经过和筹备工作的报告》；中央民族事务委员会副主任汪锋做了时事报告；中共中央统战部部长李维汉到会讲了话。会上通过了赵朴初起草的，经过李维汉审阅，并报呈毛泽东主席批示同意的《中国佛教协会章程》。这个章程中"发扬佛教优良传统"之句，是毛泽东亲笔加上的。会上经过协商，选举产生了中国佛教协会第一届理事会。选举圆瑛为会长，赵朴初当选为副会长兼秘书长。

中国佛教协会的成立，实现了中国佛教三大语系、四众弟子的空前大团结。中国佛教界许多有识之士长期向往追求的理想变成了现实。赵朴初居士所起的作用，是任何人不能代替的。

赵朴初从1953年起担任中国佛教协会副会长兼秘书长，1980年担任中国佛教协会会长；同时他还担任中国佛学院院长、中国藏语系高级佛学院顾问、中国宗教和平委员会主席。作为新中国一代宗教领袖，他把佛教的教义圆融于中国共产党领导的建设有中国特色社会主义伟大事业之中；圆融于维护民族和国家的尊严，捍卫国家领土和主权的完整，促进祖国和平统一与世界各国佛教界友好交往的伟大事业之中。

作为现代佛教大德，赵朴初一生倡导"人间佛教"。他总结了中国佛教两千多年来的历史经验教训，从理论到实践，解决了当代佛教适应中国特色社会主义社会的重大问题。赵朴初说:"人间佛教的基本内容,包括五戒、十善、四摄、六度等自利利他的广大行愿。《增一阿含经》说:'诸佛世尊,皆出人间,'揭示了佛陀重视人间的根本精神。《六祖坛经》说'佛法在世间,不离世间觉,离世觅菩提,恰如求兔角',阐明了佛法与世间的关系。佛陀出生在人间,说法度生在人间,佛法是源出人间并要利益人间的。我们提倡的人间佛教的思想,就要奉行五戒、十善以净化自己,广修四摄、六度以利益人群,就会自觉地以实现人间净土为己任,为社会主义现代化建设这一庄严国土、利乐有情的崇高事业贡献自己的光和热。"

可以说,赵朴初倡导的"人间佛教",是对毛泽东"发扬佛教优良传统"批示的落实和具体化。

毛泽东赏识赵朴初的三首散曲

赵朴初还是享誉海内外的诗人。他的诗词曲曾结集出版过《滴水集》《片石集》《赵朴初韵文集》。赵朴初诗词曲表现了深厚的文化底蕴和娴熟的韵律技巧,曾受到过毛泽东的赏识。

1952年国庆节,在观看全国各少数民族代表在中南海怀仁堂表演的节目后,柳亚子先生即席填词《浣溪沙》献给毛泽东。毛泽东填《浣溪沙·和柳亚子先生》词,回赠柳亚子:

> 长夜难明赤县天,百年魔怪舞翩跹,人民五亿不团圆。
> 一唱雄鸡天下白,万方乐奏有于阗,诗人兴会更无前。

毛泽东词公开发表后,赵朴初也和词一首:

铜鼓芦笙响彻天，轻裾长袖舞翩跹，歌声齐唱大团圆。

民德如今敦友爱，军威海外又喧阗，五星旗指万夫前。

这是赵朴初在新中国写词之始，对他后来发展成为诗词大家，有"开山"之作用。

20世纪60年代，中国最痛恨的是美帝国主义、苏联修正主义和各国反动派，简称"帝、修、反"。在"帝、修、反"中首当齐冲的当权者是"三尼"：美国总统肯尼迪、苏共第一书记尼基塔·赫鲁晓夫、印度总理尼赫鲁。那时的世界格局，意识形态纷争十分激烈，亚、非、拉美反殖民的独立运动浪潮汹涌，苏、美两国则以世界两大阵营主宰自居，试图以两国间的交易支配世界。

1963年7月14日，苏共中央发表给苏联各级党组织和全体共产党员的公开信，公开攻击中国共产党，挑起了中、苏两党意识形态的大论战。从9月开始，中共开始连续发表评论文章，抨击苏共公开信。毛泽东认为，苏共领导已经背叛了马克思列宁主义，与新老殖民主义同流合污，是世界被压迫民族和人民更危险的敌人，因此，要同他们"斗一万年"。

1963年11月，美国总统肯尼迪遇刺身亡。正在参加全国政协第三届四次会议的赵朴初，听到消息后想：肯尼迪死了，物伤其类，尼基塔·赫鲁晓夫该伤心了，于是挥笔写下一首《尼哭尼》：

[秃厮儿带过哭相思] 我为你勤傍妆台，浓施粉黛，讨你笑颜开。我为你赔折家财，抛离骨肉，卖掉祖宗牌。可怜我衣裳颠倒把相思害，才盼得一些影儿来，又谁知命蹇事多乖。

真奇怪，明智人，马能赛，狗能赛，为啥总统不能来个和平赛？

你的灾压根是我的灾。上帝啊！教我三魂七魄飞天外。真是如丧考妣，昏迷苦块。我带头为你默哀，我下令向你膜拜。血泪儿染不红你的坟台，黄金儿还不尽我的相思债。我这一片痴情呵！且付与你的后来人，我这里打叠精神，再把风流卖。

其中"马能赛，狗能赛，为啥总统不能来个和平赛"，揭露的就是美、苏勾结，充当国际领袖。

没过多久，当时的中宣部副部长姚溱在赵朴初家中看到了这首曲子，认为写得很好，就拿走了。当时姚溱正在由康生牵头的"中苏论战写作组"里，康生从姚溱处看到曲子后，便送到毛泽东主席那里。毛泽东一看很喜欢，说："你别拿走了，这个曲子归我了。"康生的真实目的，并不是觉得曲子写得好，而是认为赵朴初把严肃的反修斗争庸俗化，以显示其政治嗅觉的敏锐；但他见毛泽东喜欢，马上看风使舵，投毛泽东所好，直接找到赵朴初说："以后有什么新作，可要给我啊！"

半年后，尼赫鲁去世。印度在 1960 年中印边界制造武装冲突后，赫鲁晓夫曾发表声明，偏袒印度；1962 年印度向中国发动大规模武装进攻后，苏联成为印度最大的军火供应者。中共与苏共在意识形态领域的斗争白热化后，1964 年 3 月 31 日，中共发表了"八评"苏共公开信——《无产阶级革命和赫鲁晓夫修正主义》。赫鲁晓夫对尼赫鲁的死，自然也会有兔死狐悲之感。于是，赵朴初又挥笔写了《尼又哭尼》：

[哭皇天带过乌夜啼] 掐指儿日子才过半年儿，谁料到西尼哭罢哭东尼？上帝啊！你不知俺攀亲花力气，交友不便宜，狠心肠一双拖去阴间里。下本钱万万千，没捞到丝毫利。实指望有一天，有一天你争一口气。谁知道你啊你，灰溜溜跟着那个尼去矣。教暗地心惊，想

到了自己。人生有情泪沾臆。难怪我狐悲兔死，痛彻心脾。而今后真无计！收拾我的米格飞机，排练你的喇嘛猴戏，还可以合伙儿做一笔投机生意。你留下的破皮球，我将狠命地打气。伟大的、真挚的朋友啊！你且安眠地下，看我鞠躬尽瘁，死而后已。呜呼噫嘻！

　　这首曲子，与前曲有异曲同工之妙，而且一脉相承，妙不可言。这首曲子很快传到毛泽东那里，毛泽东非常喜欢，读了又读，爱不释手。

　　1964 年 10 月 14 日，勃列日涅夫等把赫鲁晓夫赶下了台。中国第一颗原子弹在新疆罗布泊试爆成功。赫鲁晓夫下台后，苏共新领导向率领中国党政代表团访苏的周恩来总理表示，在国际共产主义运动和对中国问题上，他们和赫鲁晓夫没有一丝一毫的差别。针对这一立场，11 月 21 日，《红旗》杂志发表社论，揭露勃列日涅夫、柯西金等执行"一条没有赫鲁晓夫的赫鲁晓夫主义"。反复研读社论后，赵朴初又写了《尼自哭》：

　　[哭途穷] 孤好比白帝城里的刘先帝，哭老二，哭老三，如今轮到哭自己。上帝啊！俺费了多少心机，才爬上这把交椅，忍教我一筋斗翻进阴沟里。哎哟啊哎！辜负了成百吨的黄金，一锦囊妙计。许多事儿还没来得及：西柏林的交易，十二月的会议，太太的妇联主席，姑爷的农业书记。实指望，卖一批，捞一批，算盘儿错不了千分一。哪料到，光头儿顶不住羊毫笔，土豆儿垫不满砂锅底，伙伴儿演出了逼宫戏。这真是从哪儿啊说起，从哪儿啊说起！说起也稀奇，接二连三出问题。四顾知心余几个？谁知同命有三尼？一声霹雳惊天地，蘑菇云升起红戈壁。俺算是休矣啊休矣！眼泪儿望着取下像的宫墙，嘶声儿喊着新当家的老弟，咱们本是同根，何苦相煎太急？分明是招牌

换记，硬说我寡人有疾。货色儿卖的还不是旧东西？俺这里尚存一息，心有灵犀。同志们啊！努力加餐，加餐努力。指挥棒儿全靠你、你、你，耍到底，没有我的我的主义。

很快，这首曲子经由康生之手，又传到了毛泽东的案头，毛泽东读后自然又大加赞赏一番。

1965年年初，苏联部长会议主席柯西金将访华，毛泽东说："柯西金来了，把这组散曲公开发表，给他当见面礼。"

毛泽东将三首散曲原来的标题《尼哭尼》《尼又哭尼》《尼自哭》，分别改为《哭西尼》《哭东尼》《哭自己》，又写了"某公三哭"四个大字作为总标题，让《人民日报》发表。

1965年2月1日，这三首散曲见诸《人民日报》后，中央人民广播电台在早晚新闻和首都报纸摘要节目中，接连几天予以播出。文学作品得如是待遇，还是破天荒头一遭。一下子，这三首曲子震动了文坛，轰动了全国。赵朴初的名字一时风靡海内外。

以毛泽东的雄才大略，面对美苏交易，各方面压力，他不是也有轻描淡写的"不见前年秋月朗，订了三家条约"，"土豆烧熟了，再加牛肉"吗？这同赵朴初散曲中"西柏林的交易，十二月的会议"，"土豆儿垫不满砂锅底"何其相近！在毛泽东，是政治伟人履险自若的潇洒；在赵朴初，是三界外凌虚俯瞰的达观透彻。这正是毛泽东对赵朴初的散曲大为欣赏的原因。

赵朴初也是享誉国内外的书法大师。他的书法清俊洒脱，秀美润泽，每幅作品都能体现出严谨、沉稳、力到、意到、神到，在一波一碟、一提一转之间仿佛妙手点化，盎然耀眼。当代书法大家启功先生说："朴翁擅八法，于古人好李泰和、苏子瞻书，每日临池，未曾或辍，乃知八法功深，至无怪乎书韵语之罕得传为家宝者矣。"

1976年9月9日，毛泽东主席逝世。这天，正是中秋月正圆之时（农历八月十六）。听到广播里一阵阵揪心的哀乐声音，赵朴初仰望中天，忧心忡忡，万般感慨，涌上心头。当晚，赵朴初作《毛主席挽诗》两首：

> 忽播哀音震八方，人间方望晚晴长。
> 悲逾失父嗟无怙，杞不忧天赖有纲。
> 永耀寰瀛垂训诲，群遵正道是沧桑。
> 乱云挥手从容渡，万古昆仑笋郁苍。
>
> 当年立志拔三山，终见神州奋翻翰。
> 更遣风雷驱鬼蜮，普教天地为回旋。
> 人心早有丰碑在，真理争从宝藏探。
> 满月中天瞻圣处，遗言永忆助登攀。

赵朴初谈毛泽东传承国学的功绩

赵朴初对毛泽东十分敬仰，他曾访问延安和韶山，瞻仰毛泽东的旧居窑洞和诞生地。

1987年春天，赵朴初在中国作家协会鲁迅文学院演讲《诗歌及其与佛教关系漫谈》，谈到毛泽东的诗词改革思想：

记得在1965年间的一天，陈毅同志找我到他家闲谈，他告诉我说：毛主席同他讲过，中国的文艺改革诗最难改，大约需要50年的时间。时间过得很快，转瞬22年过去了。当时在听到陈毅同志转述这些话时，我心里想这一辈子是看不见新的诗歌的改造成功。过去 20 余年时间再来想,毛主席的估计是正确的,是有道理的。其实这也不仅是毛主席、陈老总的看法,在 1950 年郭沫若同志就在一篇文章中谈过。他说新诗的形式在今天仍然在探索的途中。1953 年郑振铎同志也在一篇文章中谈到,中国诗的形式到现在还是一个没有解决的问题,还处在一个摸索的阶段。到 1983 年丁芒同志在一篇文章中说:"我国的新诗还没有从内容到形式发展到同旧诗最相称甚至超过它的程度。摸索、探索已经有 60 多年了,到现在还在摸索、探索。"从 50 年代到 80 年代已经有 30 多年时间了,事实说明毛主席所说的诗歌改革需要 50 年的时间是不算长的,甚至还有可能更长一些。我不知道毛主席那句话是什么时候讲的,就以陈毅同志告诉我的 1965 年算起,也有 22 年过去了,那么还有 28 年时间。28 年时间能够把诗歌改革问题解决,能够完成诗歌改革,就还需大家努力,努力,再努力。据我看,诗歌的改革首先需要让进行诗歌创造的人在思想认识上取得一致,那么,就是说我们要尊重我们的传统,民族诗歌的传统,不可轻视和忽视这个传统。

在这次演讲中,赵朴初还谈到毛泽东在传承国学上有两大功绩:

一个是保存了中医,他指出中西医应当结合,这个方向是很正确的,假如没有毛主席的指示,那么中医中药到今天就会有绝灭的危险,更谈不上发展了。许多年来,中医中药事业遭到很大厄运,遭到一些人的轻视,而正是有了毛主席的指示才得以保护、挖掘和发展,现在有许多西方人都认识到中医药的宝贵价值,向我们学习中医药学。毛主席还有一个功绩就是保存了我们传统的诗歌。毛主席自己写的都是古典诗词,而且指出我们的方向就是古典诗和民歌相结合的方向。我认为这个说法也是正确的。

毛泽东与郭沫若

在毛泽东的遗物中，有一块欧米茄表。它的外壳呈圆形，直径 4 厘米，为机械表，"12"数字下有"OMEGA"（欧米茄）字样，表带是棕色牛皮制成的。是一块不寻常的表。这块表是重庆谈判期间郭沫若先生送给毛泽东的。毛泽东非常珍惜它，一直戴到逝世。这块手表真实见证了毛泽东后 30 余年的革命历程，也凝聚着毛泽东与国学大师郭沫若先生之间非同寻常的深厚情谊。

郭老国学大成就

郭沫若是我国现代著名的作家、文学家、诗人、剧作家、考古学家、思想家、古文字学家和著名的革命活动家。原名郭开贞，字鼎堂，号尚武，笔名沫若。清光绪十八年九月二十七（1892 年 11 月 16 日）生于四川省乐山县观娥乡沙湾镇。幼年入家塾读书，1906 年入嘉定高等学堂学习，1914 年春赴日本留学，先学医，后从文。毕业于日本东京帝国大学医科。这个时期接触了泰戈尔、歌德、莎士比亚、惠特曼等外国作家的作品。1919 年 9 月开始发表新诗。1921 年，与郁达夫、成仿吾等组织"创造社"。同年 8 月，第一部诗集《女神》出版。"皖南事变"后，他写了《屈原》《虎符》等六部历史剧。新中国成立后，他担任多个国家行政、科学文化方面的领导工作，同时坚持文学创作，出版了历史剧《蔡文姬》《武则天》等和多部诗集。他是我国新诗的奠基人，是继鲁迅之后革命文化界公认的领袖。参加革命工作30余年，为八一南昌起义之核心人物。历任政务院副总理、全国文联主席、全国人大常委会副委员长、全国政协副主席等重要职务。

郭沫若的学术文化大体可以如此划分：20世纪20年代末至30年代中，以甲骨文和青铜器等古文字、古器物为基础，进行中国古代社会研究；30年代后期至40年代中，一面配合历史剧创作进行历史人物研究，一面纵论先秦诸子思想学说；50年代主要精力放在古代社会分期问题和古籍整理方面，60年代以历史人物研究与历史剧创作影响着当时的社会科学和文学艺术领域，在50至70年代的20余年间没有间断过对于古文学、古器物的考释或研究。

1928年3月郭沫若亡命日本，在从事国外理论与学术文化著作的翻译过程中，逐渐意识到，简单地把历史唯物论只作为纯粹的方法来介绍，生硬地玩弄一些不容易理解的译名和语法，反而会使其在接受与运用上增加障碍。他采用了围绕"国学"介绍"国学"的做法。同时发现恩格斯《家庭、私有制和国家的起源》中"没有一句说到中国社会的范围"，便决心以这部名著为"向导"来撰写"续篇"，在恩格斯所知道的美洲印第安人，欧洲古代希腊、罗马之外，提供出"他未曾提及一字的中国的古代"。

1928年7月底8月初，郭沫若与古史辨派"不期而同"，从"文籍考订"入手打开"层累地造成"的《周易》这座神秘的殿堂，写出《周易的时代背景与精神生产》(后改名《周易时代的社会生活》)，紧接着又推出《〈诗〉〈书〉时代的社会变革与其思想上之反映》。这两篇文章反映了郭沫若对中国古代社会变革的最初认识。在写作过程中，他感到《易》《诗》《书》中有"后人的虚伪的粉饰"，必须找寻没有经过后世的影响而"确确实实足以代表古代的那种东西"。于是，他迈出"考古证史"的步履，自 1928 年 8 月底起，在两个月的时间里读完了日本东洋文库中所藏甲骨文的著作以及王国维的《观堂集林》，踏进甲骨文的研究领域，完成《卜辞中的古代社会》这一长篇论文。观点是根据恩格斯《家庭、私有制和国家的起源》一书"摘录"的，材料则以罗振玉、王国维的甲骨文研究为出发点，综合考察了殷商社会的生产状况和组织结构。随后，又以摩尔根《古代社会》和恩格斯《家庭、私有制和国家的起源》为"必须知道的准备知识"，将《卜辞中的古代社会》的基本观点浓缩出来，写成《中国社会之历史发展阶段》，西周以前为原始公社制，西周时代为奴隶制，春秋以后为封建制，最近百年为资本制。在结集出版之际，又赶写了《周代彝铭中的社会史观》，以青铜器铭文论证西周社会是奴隶社会。1930 年 3 月，论文结集为《中国古代社会研究》，由上海联合书店出版。

《中国古代社会研究》一书针对当时的"国故"之争，在认识上和方法上有着两大重要突破。其一，"跳出"经史子集的范围，以地下出土实物为出发点，去认识"古代社会之真情实况"。其二，"跳出"传统观念的范围，引进外来的辩证唯物论观念。由此，确立起一个全新的"中国古代文化体系"。

尽管《中国古代社会研究》一书有"错误的结论"，但具体结论的错误却无法掩盖这样一个事实，即它是以 20 世纪 20 年代最新的思想观念——唯物史观为指导，综合了当时最有代表性的两大学术派别——古史辨派、考古证史派的最新成果，确立起自己独特的中国古代文化研究体系，领导了此后的学术文化潮流。

甲骨文、金文研究是郭沫若研究中国古代社会不可分割的组成部分，他曾经把《中国古代社会研究》与《甲骨文字研究》《殷周青铜器铭文研究》作为古代研究的"三部曲"。前面说到,他对传统经典《易》《诗》《书》产生怀疑,因"疑经"转而对地下出土的实物——甲骨文、青铜器进行研究,很快就在这两大领域分别取得举世瞩目的巨大成就。

19世纪末,河南安阳小屯偶然发现甲骨,经古文字学家王襄、王懿荣辨认,确定为殷商文字。罗振玉在此基础上一面购求、探采,一面开始整理,先后拓印编录了《殷墟书契前编》《殷墟书契后编》等。王国维从罗振玉的著录出发,开始对卜辞进行综合比较研究,写下大量"超越时间、地域"的著名篇章。自1928年起至1937年,中央研究院先后15次对殷墟进行大规模发掘,总共得甲骨24830余片。1929年和1930年,河南博物馆也有两次发掘,得甲骨3650余片。正当中央研究院在安阳进行大规模发掘期间,郭沫若在日本完成了他关于殷墟甲骨文的系统研究,走出一条"读破它、利用它、打开它的秘密"的路径。于是,形成"甲骨四堂"——罗雪堂(振玉)、王观堂(国维)、董彦堂(作宾)、郭鼎堂(沫若)——各展其长的美谈。

1931年出版的《甲骨文字研究》,反映的是郭沫若对于甲骨文"读破它、利用它"的初始阶段的水平。"识字"是一切探讨的第一步,而且文字本身也是社会文化的一个重要象征。他对甲骨文字的考释,大多根据字的原始形义,结合文献中对字的解释,再参照相关的民俗学资料,纳入他对古代社会的基本认识当中。虽然有些考释尚有不同看法,但就其本身而论,大都能成其为一家之言。

在甲骨学发展近80年的历史中,有50年取得的成就都与郭沫若的创造性探索密不可分。他的甲骨文研究使甲骨学的发展由草创迈向成熟,并预示着后来推进的基本趋势。作为"四堂"之一的郭沫若虽然未来得及为《甲骨文合集》写出"前言"就离世而去了,但他作为主编确实是当之无愧的。

　　在青铜器铭研究领域，自北宋以来著录的殷周青铜器多达三四千件，但多数青铜器的年代和来历不明。1923 年，河南新郑、山西浑源等处发现春秋时期的铜器群。河南洛阳、浚县、汲县以及安徽寿县、山东滕县（现滕州）等地，也都陆续有铜器被发现。殷墟发掘的商代铜器数量也很多，但被盗出售的也为数不少。其中罕见的大器，又多铸有铭文，更是研究铸造时期社会状况极有价值的史料。当时，著录青铜器的名家有罗振玉、刘体智、容庚、于省吾、孙海波、商承祚等。

　　1929 年，为了考古学上有所借鉴，郭沫若翻译出版了德国学者米海里司的《美术考古学发现史》（后改译名为《美术考古一世纪》），把考古学纳入"美术的视野"。郭沫若的《殷周青铜器铭文研究》一书是最初的实践，书中 16 篇考释、韵读、综合研究的思路和编次，一年以后被他的《两周金文辞大系》吸收和扩展。

　　郭沫若的《两周金文辞大系》以及增订成的《两周金文辞大系图录考释》，改变了以往"以器为类"的著录方法和孤立考释器铭的治学传统，理出两周青铜器铭的历史系统和地域分布，首次建立起研究两周彝铭的科学体系。

　　郭沫若从器物的形制、花纹入手进行考察，以青铜器的形象求得其历史系统，以历史系统与地域分布建立起认识中国青铜器的科学体系，勾画出其发展轮廓，这一举世公认的巨大成就，体现了形象思维与逻辑思维的完美结合。

　　释读周代彝铭，确立断代体系，是要探讨两周社会，因而发掘出若干重要史实，为研究两周社会开出了新局面，这是郭沫若超出其他古文字学家、古器物学家的地方。

　　郭沫若考察周秦诸子思想，是与其对中国古代社会的认识紧紧联系在一起的。郭沫若初涉周秦诸子是 1921 年发表的《我国思想史上之澎湃城》，勾画了中国远古历史的轮廓，设想的"各家学术之评述"，包括老子、孔子、墨子、庄子、惠施等。当他以唯物史观为指导确立起新的中国古代文化体系之后，1935年底写成《先秦天道观之进展》，不仅注意各派的承传，更留神相互间的影响和趋同。至20世纪40年代，郭沫若对于秦以前的社会和思想做出系统研究，呈献出考察周秦之际学术高潮的"姊妹篇"——"偏于考证"的《青铜时代》和"偏于批评"的《十批判书》，成为其贯通子部诸家学说的代表作。

"苏活"古书生命是郭沫若一生整理古籍的最基本态度。这一方面，在他个人的学术研究生涯中占据着重要地位，从不同领域、不同侧面展示出他在古籍整理方面的认识与特色、成就和贡献。

郭沫若选译《国风》中40首抒情诗给它"换上一套容易看懂的文字"，结集为《卷耳集》出版，使得许多年轻人对于古代文学渐渐发生了研究的兴趣。郭沫若认为，不论对于传统文化还是外来文化，都要"向作品本身去求生命"，弄懂原著。而弄懂原著的关键在于使原先颇具生命力的作品通过今译，能够在今天"苏活转来"。他特意写了一篇《古书今译的问题》，强调整理国故的最大目标是"使有用的古书普及，使多数的人得以接近"，并满怀自信地预言："我觉得古文今译一事也不可忽略。这在不远的将来是必然盛行的一种方法。"后来他更进一步指出，传统的注释方法总嫌寻章摘句，伤于破碎，没有整个翻译来得那样直截了当，并把古书今译问题提到关系继承文化遗产的高度。

校勘和诠释，历来是整理古籍最为基本、最见功力之处。《管子集校》一书，集中显示出郭沫若在这方面的独特路径和所取得的巨大成就。郭沫若首先是在版本搜集、对勘上下大工夫，总共得17种版本和稿本，从中发现不同的版本系统，为前所未闻的创见。同时，他尽可能无遗地网罗以往校释《管子》的诸家著述，达 42 种之多。书中征引古今学者之说，不下 110 家。全书写有 2000 余条"沫若按"，总字数不下 20 万。其独特之处大致可以归纳为：以校为主，校注一体；不仅校字校句，而且校节校篇；校释与辨伪、校释与断代结合；运用甲骨文、金文、隶书、草书等新旧文字作校释；以现代经济学等学科的思想注入校释。这种带有研究性质的校改，将《管子》一书的整理推向了新的高度，被认为是"前所未曾有"的第一部博大精深的批判继承祖国遗产的巨大著作。

郭沫若是一位兼具诗人气质和学者博识的文化巨人，因而形成他独特的思维特点和学术风格。在他的庞大的文化体系中往往贯穿着热爱诗人的美、崇尚哲人的真的双重追求，即如他本人所说"以理智为父，以感情为母"。这一特点，反映在他的学术文化研究领域，差不多决定着他的论题选择、研究路数和所做评价。由感情喜好出发，生出选题兴致，求得多种表现形式，或诗、或剧、或文。一旦进入研究境界，在论辩的推动下，定要尽一切努力去寻求证据，非得弄清真相不可，以求得理智的归宿。

翻检毛泽东与郭沫若半个多世纪友谊交往的档案文献史料，处处闪耀着政治豪情与文化浪漫、革命理想与现实斗争、真诚友谊与超人智慧的璀璨光芒。

相逢革命风浪中

1926 年 3 月，大革命的浪潮把毛泽东、郭沫若二人推到了南方革命的策源地——广州。

1926 年 3 月，经瞿秋白推荐、中共组织的安排，郭沫若出任广州大学（今中山大学）文科学长。郭沫若和郁达夫、王独清于 3 月

18 日离开上海，23 日抵达广州后，到码头接郭沫若一行的是创造社的元老和干将、当时在广东大学担任教授同时兼任黄埔军校军事教官的成仿吾。

他们先找了一家旅馆住下。虽然忙忙碌碌，但是成仿吾没有忘记把广州时局的现状告诉新来的几位朋友。把行李安排好之后，郭沫若顾不上休息，就和成仿吾一同到林祖涵（伯渠）家拜访，这是他们在上海与林祖同接洽的时候早已说定了的。

林伯渠，出生于 1886 年，湖南临澧人，早年留学日本，加入过同盟会，是一位革命元老。国共第一次合作时，共产党人林伯渠担任了国民党中央执行委员会常务委员、农民部长。在当时的革命队伍里，肩负着十分重要的责任。

郭沫若一行人到达林伯渠家时还是上午，林伯渠有事刚出门不久，家里人让他们在屋里坐等，说很快主人就会回来。于是，他们决定等一会儿。

没想到，在主人的书房里，还有另一位客人在等候着。那位客人就是来与林伯渠商量工作的毛泽东。

毛泽东此时是国民党中央代理宣传部长。当时国民党中央宣传部长为汪精卫，但汪还担任着国民政府主席的职务，忙不过来，就向国民党中央推荐了身为国民党中央候补执行委员的毛泽东代理宣传部长。

郭沫若等人被引进书房，先已坐等的毛泽东立即十分礼貌地站了起来，主动和他们打招呼。

成仿吾因为到广州已有些时日，和毛泽东有过接触，郭沫若和毛泽东却从未见过面。但此时此地相会，凭感觉二人都能估计到对方不会是等闲之辈。

客观地说，那时郭沫若和毛泽东二人，要说对于对方的熟悉和了解，恐怕是郭少于毛，毛多于郭。此前他们互不相识，郭沫若对毛泽东不会没有耳闻，但印象至多是"一个革命党人"。毛泽东应该对郭沫若知道得更多，因为当时的郭沫若在文坛上已是人人皆知，远近闻名。郭沫若在新文化运动中的表现，他在诗歌创作上的成就和影响，也令毛泽东仰慕。此刻，他们在林伯渠家见面，对于双方，都不能不说是一件快慰平生的事。

毛泽东第一次见郭沫若，其印象如何，因为没有文献可考，后人无法揣度。这也许给历史留下了一点遗憾。不过，郭沫若对毛泽东的第一印象却以当事者回忆录的形式保留了下来。

郭沫若在事过多年以后，用看来十分平淡、实则饱含深情的笔触，记述了这次有意义的会见及他对毛泽东的最初印象——1937年郭沫若在自传《创造十年续编》中生动地描述：

太史公对于留侯张良的赞语说："余以为其人计魁梧奇伟，至见其图，状貌如妇人好女。"吾于毛泽东亦然。人字形的短发分排在两鬓，目光谦抑而潜沉，脸皮嫩黄而细致，说话的声音低而委婉。不过在当时的我，倒还没有预计过他一定非"魁梧奇伟"不可的。

在中国人中，尤其在革命党人中，而有低声说话的人，倒是一种奇迹。他的声音实在低，加以我的耳朵素来又有点背，所说的话我实在连三成都没有听到。不过大意是懂到的，所谈的不外是广东的现状，仿吾在旅馆里早就告诉我们了。

从郭沫若这段话中，是可以明显看到这样几点的。那就是：第一，郭沫若对毛泽东的第一印象确实非常好，甚至可以说超出想象地好；第二，郭沫若对毛泽东印象之好，是觉得毛泽东不但文静儒雅，而且为人"谦抑而潜沉",不大声说话,不像有些革命党人喜欢高谈阔论,喜欢动辄教训人,甚至常常表现出咄咄逼人的气势。在郭沫若眼里,毛泽东和他们完全不同,这不能不让他印象甚深。

正如郭沫若所说,毛泽东和他谈话的内容"不外是广东的现状"。从毛泽东这面看,他认为这对刚刚来到广州的郭沫若无疑是最应该也最急于知道的。而毛泽东和郭沫若刚刚见面,就毫无保留地向郭介绍广州当前的情况,也完全是以革命同志相待,由此也足以显出他对郭的尊敬和信任。毛泽东告诉郭沫若,从当前的情况看,"中山舰事件"充分暴露了资产阶级右翼的动摇性和叛变革命的极大可能性。他本人早在3月20日之前,就已经预见到了这一发展趋势,他曾经说过:"那动摇不定的中产阶级,其右翼可能是我们的敌人。"只是想不到事情发生得这样快。毛泽东在对当时形势做了科学的分析之后,一再对郭沫若说:对资产阶级右派的反动行为,必须针锋相对地进行反击。而且,经过事变的教训,共产党人和国民党左派应该更坚决地和资产阶级右派争夺革命的领导权,并且积极地争取农民和士兵群众,把他们团结在自己周围。这次事件,虽然资产阶级右派遭受到挫败,但还必须保持高度的警惕,提防他们的可能叛变。他的这些看法在当时革命队伍中并不是人人同意,然而他自信是合乎客观形势的,希望得到郭沫若的支持。

当时毛泽东正在广州主办第六届农民运动讲习所,觉得让像郭沫若这样有名气的诗人来讲讲也不错。过了几天,毛泽东就专程来到郭沫若的家里邀请他,郭沫若欣然应诺。不久,毛泽东便亲自陪同他去农民运动讲习所做报告。后来,广东东山青年会邀请毛泽东、郭沫若去做演讲,两人欣然而往,当场各做了一番演说。

同年7月9日,北伐战争开始。当国民革命军攻占武汉后,国民政府也迁都武汉。不久郭沫若身为北伐军总政治部副主任、秘书长，又奉命从汉口搭船，到江西九江去做政治工作了。

北伐军占领武汉三镇不久，广州国民政府也迁往武汉。毛泽东在武汉任全国农民协会总干事，主持中央农民运动讲习所工作。郭沫若此时任北伐军总政治部副主任、代主任，主持政治部日常工作。根据总政治部主任邓演达的命令，政治部工作重点"偏重在农民运动方面"，因而他们之间不但在工作上有密切配合，而且在个人友谊上也加深了。许多年后毛泽东还在书信中提到"武昌分手"之事，难忘那段革命友谊。

"四一二"反革命政变发生后，毛泽东参加了"八七会议"，发动秋收起义上了井冈山，开辟了中国革命"农村包围城市"的武装斗争道路。郭沫若则参加了南昌起义，任起义军总政治部主任兼宣传委员会主席，在南下途中入党，起义失败后，逃亡香港，后到上海，接着又流亡日本 10 年，直到 1937 年 7 月抗战爆发后才回到祖国。

相互支持与鼓励

抗日战争时期，郭沫若在中共南方局和周恩来的直接领导下，从事抗日文化和统一战线工作，成为国民党统治区乃至文化界公认的领袖、革命文化运动的旗手。

毛泽东对于郭沫若的文化工作、学术研究和历史剧创作，给予极高评价。郭沫若对党、对毛泽东也发自内心地热爱和拥戴。他曾宣称要做"党的喇叭"，"党决定了，我就照办，要我做喇叭，我就做喇叭"。

1938 年 1 月，郭沫若在赠于立群诗《陕北谣》中唱道："陕北陕北太阳红，救救祖国出牢笼。"表达了对党、对领袖赤诚的挚爱和赞美之情。

毛泽东多次在讲话和信件中对郭沫若所取得的卓越成就，给予祝贺和鼓励。

1939 年 7 月，郭沫若父亲去世后，毛泽东在挽联中对郭沫若委婉地给予了表彰，说："哲嗣乃文坛宗匠，戎幕奋飞，共驱日寇，丰功勒石励来兹。"

1940 年 1 月，毛泽东在《新民主主义论》中，将中国文化革命自"五四"起至抗战分列四个阶段，并充分肯定了郭沫若在第四阶段的卓著成就。

1944 年 1 月 9 日，毛泽东在收到郭沫若的历史剧《虎符》后，请董必武转交他给郭沫若的电报，表示庆贺：

收到《虎符》，全篇读过，深为感动。你做了许多十分有益的革命文化工作，我向你表示祝贺。

同日晚，毛泽东在给杨绍萱、齐燕铭的信中，又再次称赞郭沫若，说：

郭沫若在历史剧方面做了很好的工作，你们则在旧剧方面做了此种工作。

信中的"此种工作"，即毛泽东信中所说的："历史是人民创造的，但在旧戏舞台上（在一切离开人民的旧文学、旧艺术上）人民却成了渣滓，由老爷、太太、少爷、小姐们统治着舞台，这种历史的颠倒，现在由你们再颠倒过来，恢复了历史的面目，从此旧剧开了新生面。"因此，毛泽东对他们表示祝贺。

1944 年，郭沫若写了一篇不但在全国历史学界，也在革命队伍中引起强烈反响的长篇史论——《甲申三百年祭》。

　　这一年，对中国共产党和全中国人民来说，意味着一个重要的转折。夺取抗日战争的全面胜利，解放全中国的前景已为时不远。当时，由共产党领导的《新华日报》和《群众》周刊杂志社等组织发表一批纪念明亡300周年的文章，意在用此历史教训提醒全党和全国人民，在胜利时务必保持清醒头脑，不要犯骄傲自满忘乎所以的历史错误。

　　郭沫若应约写出了《甲申三百年祭》，交重庆《新华日报》发表，自3月19日至3月22日连载了四天。国民党方面十分震惊，一些大员指责作者"为匪张目"。郭沫若即理直气壮地说："我郭沫若就是要为'匪'张目嘛！"《中央日报》还专门为此发表了一篇题为《纠正一种偏向》的社论，说郭沫若在文章中"鼓吹战败主义和亡国思想"，表示不能"听其谬种流传"，要"共同纠正这一思想，毫不姑息，毫不放松"。

　　《甲申三百年祭》很快得到了毛泽东的肯定和热情赞扬。毛泽东对李自成原本十分重视，对其领导的农民起义有过高度的评价。在他的著作中，曾多次提到李自成起义。特别是来到陕北后，毛泽东对李自成的事迹表现得更为关心。陕北米脂是李自成的家乡。当地有位名叫李健侯的人写了一部历史章回小说《永昌演义》（1926年），毛泽东于1942年见到这部书的手抄本，表现了很大的兴趣，认真地把它读完。当然，这是一本写作比较粗糙、思想认识也比较浅薄的作品，毛泽东对其评价不可能很高。在毛泽东看来，不能把李自成单单写成一个品德方面的英雄，要表现阶级斗争推动历史进步的主题思想，挖掘起义所蕴含的历史意义。现在，他读到郭沫若关于李自成的分析，发现这篇文章正是用辩证唯物主义和历史唯物主义观点评价李自成起义的，当然格外兴奋，格外重视。

　　就在读了《甲申三百年祭》后不久的4月12日，毛泽东在延安高级干部会议上做的《学习和时局》的报告中，特别提到郭沫若的这篇文章。他说：我党历史上曾经有过几次表现了大的骄傲，都是吃了亏的……近日我们印了郭沫若论李自成的文章，也是叫同志们引为鉴戒，不要重犯胜利时骄傲的错误。

同月18日和19日，延安《解放日报》又按毛泽东的指示，全文转载了郭沫若的文章，并加了"编者按"，对以《中央日报》为首发起的对郭文的"围剿"进行了反击，说"蚍蜉撼大树，只是增加了郭先生的文章的历史价值而已"。之后，毛泽东即指示将该文作为整风文件，供党内学习。

8月下旬，郭沫若收到周恩来从延安托专人带来的、用陕甘宁边区产的淡蓝色马兰纸印的《屈原》剧本和《甲申三百年祭》的单行本。当天晚上，他即给毛泽东和周恩来以及其他许多在延安的朋友一一修书致函，感谢他们对自己的鼓励和鞭策。

11月21日，毛泽东亲笔复信郭沫若，全文如下：

沫若兄：

大示读悉。奖饰过分，十分不敢当；但当努力学习，以副故人期望。武昌分手后，成天在工作堆里，没有读书钻研机会，故对于你的成就，觉得羡慕。你的《甲申三百年祭》，我们把它当作整风文件看待。小胜即骄傲，大胜更骄傲，一次又一次吃亏，如何避免此种毛病，实在值得注意。倘能经过大手笔写一篇太平军经验，会是很有益的；但不敢作正式提议，恐怕太累你。最近看了《反正前后》，和我那时在湖南经历的，几乎一模一样，不成熟的资产阶级革命，那样的结局是不可避免的。此次抗日战争，应该是成熟了的罢，国际条件是很好的，国内靠我们努力。我虽然就就业业，生怕出岔子；但说不定岔子从什么地方跑来；你看到了什么错误缺点，希望随时示知。你的史论、史剧有大益于中国人民，只嫌其少，不嫌其多，精神决不会白费的，希望继续努力。恩来同志到后，此间近情当已获悉，兹不一一。我们大家都想和你见面，不知有此机会否？

谨祝

健康、愉快与精神焕发！

毛泽东上

一九四四年十一月二十一日于延安

山城重逢见真情

1945 年春，郭沫若就跟一位与他亲近的青年说，他最崇拜的人是毛泽东，这不仅因为毛泽东已是中国共产党的主席，更因为他对毛泽东的才华和人格力量的"崇拜"。郭沫若说："这个人全面地赢得我的佩服。比如说这个人写的文章，单是语言文字，就远非我郭沫若所能及。你去读读他的文章，例如《论持久战》，真是汪洋恣肆，博大精深，句句是至理名言，而且深入浅出，简洁明了，可以说是现代的太史公笔墨！至于政治、军事的分析论断，那是当前中国绝无出其右者，所以他堪称中国共产党的杰出领袖，中国现代的非凡的政治家……"

1945 年 8 月 28 日，毛泽东由延安飞赴重庆与国民党谈判。郭沫若和各民主人士前往机场迎接。这是他们自武汉分手后头一回见面。9 月 1 日晚，在出席中苏友协举行的鸡尾酒会上，他们再次相会。3 日下午，毛泽东原打算去郭沫若住处天官府会见各界人士，因举行庆祝抗战胜利大游行而交通受阻，改在谈判期间毛泽东在市内下榻处桂园。郭沫若偕夫人于立群前往，在座的有翦伯赞、邓初民、周谷城、冯乃超等人。毛泽东同大家开怀畅叙，特别对坐在身边的郭沫若再次谈起他读《反正前后》的印象。

谈话快结束时，毛泽东从衣袋里掏出一块老怀表来看时间。郭沫若见这块怀表已经很旧，目前正在和国民党谈判，毛泽东又有许多社会活动，应该有一块更好的表，于是立即把自己的瑞士名表抹下相赠。

毛泽东对郭沫若的这一赠品十分珍视，曾多次对身边的工作人员谈起这块表的来历，说："这块表可不能丢，不要叫别人拿去。"虽然几经修理，表带也换过了，但他一直戴到临终。现在，这块表就陈列在毛主席纪念堂的展柜里。1986年9月9日，汪东兴来瞻仰毛泽东遗容时，对参观的同志说："毛主席的礼品里有好几块外宾赠送的表，我曾拿两块让他选一块戴，但他不要。有一次，这块表拿去修理，我给他送去一块礼品表，他不戴，只是摆在办公桌上。这块表修好后，他又将礼品表送回礼品室了。"由此足可看出毛泽东是多么重视自己和郭沫若之间的深厚友情。

重庆谈判期间，毛泽东的《沁园春·雪》一词曾在文化界人士中广为传抄。毛泽东返回延安后，《新民报》副刊《西方夜谭》编者吴祖光，于11月14日将该词刊载。两周后，《大公报》又将柳亚子的和词连同毛泽东的词一并以显著位置刊出。一时间，仅重庆就有十余家报刊发表步韵、唱和与评论文章。舆论沸腾，人心所向，令国民党当局十分惊恐。

国民党中宣部的头目一面召见《新民报》负责人，责骂其向共产党"投降"；一面又在蒋介石授意下指使《中央日报》《扫荡报》以唱和为名，攻击共产党人"妄图称霸"，辱骂人民军队不过是黄巢之辈的"草莽"，狂叫什么要"完璧归赵"。《益世报》《文化先锋》等报刊与之遥相呼应。

郭沫若为反击那些"皮相轻飘"、"鹦鹉学舌"的国民党御用文人，先后写了两首和词，对毛泽东的词予以崇高评价，批驳那些无耻的谏言，说"毛泽东的词，岂是汉高祖刘邦的《大风歌》所能比拟的，亦与荆轲离燕赴秦刺杀秦始皇时告别友人的千古绝唱《易水寒》本质不同"，毛词"别开生面，是堂堂大雅"，国民党当局的文化扫荡，即为"漫天迷雾"也终有消散之时，是"无损晴朗"的！

随着人民解放军战争的节节胜利，郭沫若对毛泽东的感情也逐渐升华，对毛泽东的历史功绩和雄才大略无比崇仰，对毛泽东的文艺思想自觉遵从且不遗余力地宣传介绍，对毛泽东的诗词，更是佩服得五体投地，自愧不如。

1948年11月，郭沫若由香港乘轮船赴东北解放区途中，诗兴大发，作《金环吟》一首，其中有"凤飞岐山岭，衔环献毛公"的句子。虽然用的是周朝初周文王时代的凤鸣岐山的典故，但是表现了诗人对党、对人民革命事业和领袖的赤诚与报效的感情。

1949年1月，沈阳各界举行欢迎从香港归来的民主人士大会。会上，郭沫若公开表示，今后要"以毛泽东主席的意见为意见"。

1949年7月1日，中华全国文学艺术工作者代表大会召开，郭沫若被推为总主席。会议期间，毛泽东、朱德、周恩来等也来了。臧克家在《得识郭老五十年——怀念郭沫若同志》一文中曾描写当时的情景："毛主席、周总理都亲临盛会。郭老代表近千名代表向毛主席深深地，深深地90度鞠躬。这一鞠躬，给我的印象深刻极了。使我想到20多年来，郭老对窃国大盗蒋介石鄙视之，唾骂之，与之坚决斗争，生死不顾。今天，对人民的革命导师则一躬到地，毕恭毕敬。"

1950年国庆节，在天安门城楼上，身为全国文联主席、政务院副总理、中央人民政府委员的郭沫若代表民主党派、无党派民主人士，手持一面锦旗，走到毛泽东面前，恭恭敬敬地赠送给毛泽东。旗上写着："我们永远跟着您走。"毛泽东见状，十分高兴，连忙接下锦旗，与郭沫若握手，表示感谢。

诗词唱和谱新章

毛泽东和郭沫若从某个意义上说又都是诗人，而且是新时代的革命浪漫主义的杰出代表。他们有许多同好、不少相似之处，如都非常喜欢唐代浪漫主义诗人李白。毛泽东提出革命现实主义与革命浪漫主义相结合的创作方法，公开为浪漫主义正名；郭沫若公开承认自己是一个浪漫主义者，一改 20 世纪 20 年代世界观转变以来对浪漫主义采取的不满态度。在繁忙的政务和研究之余，两人都喜欢自铸新词，或相互传观，或互为唱和，或切磋技艺，或评词论诗，一时传为文坛佳话。

1955 年岁末，郭沫若曾率中国科学院考察团访问日本，其间写了《访日杂咏》十首古体诗，郭沫若将《箱根即景》等七首呈送毛泽东。后来毛泽东十八首诗词在《诗刊》创刊号上发表不久，郭沫若就写了《试和毛主席韵》，作《念奴娇·小汤山》《浪淘沙·看溜冰》《水调歌头·归途》，和毛泽东的《念奴娇·昆仑》《浪淘沙·北戴河》《水调歌头·游泳》。

郭沫若在 1958 年 7 月《红旗》杂志第三期，发表了《浪漫主义与现实主义》，以毛泽东的《蝶恋花·答李淑一》为例，表达对毛泽东的敬仰。郭沫若在文中说："不用说这里丝毫也没有旧式词人的那种靡靡之音，而使苏东坡、辛弃疾的豪气也望尘却步。这里使用着浪漫主义的极夸大的手法把现实主义的主题衬托得非常自然生动、深刻动人。这真可以说是古今的绝唱。我们如果要在文艺创作上追求怎样才能使革命的现实主义和革命的浪漫主义结合，毛泽东同志的诗词就是我们绝好的典范。"

1959 年 9 月 7 日，毛泽东写就七律《到韶山》《登庐山》两首新作，即写信给胡乔木，请他将两首诗"送给郭沫若同志一阅，看有什么毛病没有"，并嘱："加以笔削，是为至要。"郭沫若读后，于 9 日、10 日连写两信，提出自己的修改意见："主席诗《登庐山》第二句'欲上逶迤'四字，读起来似有踯躅不进之感。拟易为'坦道蜿蜒'，不识何如。"又认为："《到韶山》'热风吹雨洒南天'句，仔细反复吟味了多遍，觉得和上句'冷眼向洋观世界'不大谐协。如改为'热情挥雨洒山川'以表示大跃进，似较鲜明，不识何如。古有成语，曰'挥汗成雨'。"毛泽东看后感到很有启发，将两诗字句做了修改后，又命胡乔木"再送郭沫若一观，请他再予审改"。这两首诗经郭沫若、臧克家等提出意见，毛泽东反复斟酌修改后才公开发表。

1961 年 10 月 18 日，郭沫若在北京民族文化宫，观看了浙江省绍剧团演出的《孙悟空三打白骨精》。这出地方戏引发了郭沫若的诗兴和政治热情，于 10 月 25 日夜，写下了七律《看〈孙悟空三打白骨精〉》，并在 11 月 1 日的《人民日报》上发表：

人妖颠倒是非淆，对敌慈悲对友刁。

咒念紧箍闻万遍，精逃白骨累三遭。

千刀当剐唐僧肉，一拔何亏大圣毛。

教育及时堪赞赏，猪犹智慧胜愚曹。

毛泽东看到后，于 11 月 17 日作《七律·和郭沫若同志》：

一从大地起风雷，便有精生白骨堆。

僧是愚氓犹可训，妖为鬼蜮必成灾。

金猴奋起千钧棒，玉宇澄清万里埃。

今日欢呼孙大圣，只缘妖雾又重来。

郭沫若《看〈孙悟空三打白骨精〉》发表的直接政治背景是，在1961 年 10 月苏共召开的二十二大上，在全世界的社会主义国家面前，苏联人空前激烈地谴责斯大林，猛烈攻击和中共关系密切的阿尔巴尼亚共产党，并号召推翻阿共领袖霍查。参加这次会议的中国代表团团长周恩来，当场予以批评与驳斥，并率代表团提前回到中国，以示抗议。苏共此番举措，无异于在中苏关系上火上浇油。

郭沫若写完《看〈孙悟空三打白骨精〉》，送交发表的同时呈送了毛泽东，随后就南下上海、浙江、广东等地游访，两月有余。郭沫若最早看到毛泽东的和诗，据他自己说，是在 1962 年 1 月 6 日的广州，由康生抄录见示的。郭沫若见到毛泽东和诗的当天，立马写了一首和诗，1 月 8 日由康生转呈毛泽东：

赖有晴空霹雳雷，不教白骨聚成堆。

九天四海澄迷雾，八十一番弭大灾。

僧受折磨知悔恨，猪期振奋报涓埃。

金睛火眼无容赦，哪怕妖精亿度来。

毛泽东看了郭沫若的和诗，于 1 月 12 日给康生回信（而不是直接复信郭沫若）说：

八日惠书收到，极高兴。请告郭沫若同志，他的和诗好，不要"千刀当剐唐僧肉"了，对中间派采取了统一战线政策，这就好了。近作咏梅词一首，是反修正主义的，寄上请一阅。并请送沫若一阅。外附陆游咏梅词一首。末尾的说明是我作的，我想是这样的。究竟此词何年所作，主题是什么，尚有待于考证。我不过望文生义说几句罢了。请代问郭老好！

复信中所说的"反修正主义"的咏梅词，就是毛泽东的《卜算子·咏梅》：

风雨送春归，飞雪迎春到，已是悬崖百丈冰，犹有花枝俏。
俏也不争春，只把春来报，待到山花烂漫时，她在丛中笑。

从郭沫若最初写的《看〈孙悟空三打白骨精〉》来看，郭沫若当时大概没有考虑到更为复杂的中国国内外政治斗争。当看了毛泽东的和诗后，郭沫若马上意识到自己原先的想法和毛主席的想法有不一致之处。于是，依毛泽东和诗原韵，写了一首和诗。毛泽东所谓"和诗好"，无异于肯定了郭沫若和诗的用意。其实，对郭沫若和诗的称赞，恰恰隐含着毛泽东对郭沫若原诗政治内涵的不认同。其中的原委曲折，郭沫若在以后的文章中说了出来："'千刀当剐唐僧肉，一拔何亏大圣毛'，这就是我对于'人妖颠倒是非淆，对敌慈悲对友刁'的唐僧的判状。但对戏里的唐僧这样批判是不大妥当的。戏里的唐僧是受了白骨精的欺骗，因而把人妖颠倒了，把敌友混淆了。他是蠢人做出了蠢事。在戏的后半，白骨精的欺骗当场揭穿时，唐僧也就醒悟过来，直到悔恨，并思念孙悟空。"

1962 年值逢毛泽东《在延安文艺座谈会上的讲话》发表 20 周年之际，经毛泽东同意，《人民文学》5 月号发表其 30 年前旧作词六首。编辑部特请郭沫若做些诠释，帮助读者理解。郭沫若为此跑了几次中央档案馆弄清每首词的时代背景，写成《喜读毛主席的〈词六首〉》同时刊在《人民文学》上。郭沫若在收到文章小样后，即写信送呈毛泽东"加以删正"。毛泽东特地对《娄山关》词开头的时令和结尾问题做了详细的说明。说该词是攻克娄山关、重占遵义后追写的。南方好多省，冬天无雪，或多年无雪，而只下霜，长空有雁，晓月不甚寒，正像北方的深秋，云、贵、川诸省，就是这样。结尾"苍山如海，残阳如血"是当时实际的感受。一到娄山关，这种战争的胜利和自然景物的偶然遇合，使这两句颇为成功。同时，毛泽东还将郭沫若文中感谢中央档案馆同志的一句话做了修改，改为"其中有中央档案馆的同志们的很大的帮助"。

毛泽东 70 虚岁生日那天，郭沫若写了一首《满江红·领袖颂》。《光明日报》在 1963 年元旦，以《满江红·1963 年元旦抒怀》为题发表：

沧海横流，方显出英雄本色。人六亿，加强团结，坚持原则。天垮下来擎得起，世披靡矣扶之直。听雄鸡一唱遍寰中，东方白。

太阳出，冰山滴；真金在，岂销铄？有雄文四卷，为民立极。桀犬吠尧堪笑止，泥牛入海无消息。迎东风革命展红旗，乾坤赤。

郭沫若的这首词又一次引发了毛泽东的诗兴和唱和。毛泽东读后，大发感慨，在短短数日后的 1 月 9 日，彻夜未眠，挥毫吟诵成一首《满江红·和郭沫若》：

小小寰球，有几个苍蝇碰壁。嗡嗡叫，几声凄厉，几声抽泣。蚂蚁缘槐夸大国，蚍蜉撼树谈何易。正西风落叶下长安，飞鸣镝。

多少事，从来急；天地转，光阴迫。一万年太久，只争朝夕。四海翻腾云水怒，五洲震荡风雷激。要扫除一切害人虫，全无敌。

据身边工作人员讲，毛泽东写这首词的时候时而在室内踱来踱去，时而又坐下奋笔疾书，真是殚精竭虑，反复琢磨而成，第二天只见废去的稿纸就装了大半纸篓。1月9日毛泽东即将新词书赠周恩来。其后发表，又有几处经过毛泽东修改。

批孔惊涛有安慰

毛泽东对郭沫若的史学著作，历来十分重视。在毛泽东的中南海故居里，收藏有郭著《历史人物》《青铜时代》《十批判书》《奴隶制时代》和《中国史稿》等。这些书上都有圈有点，留下了认真阅读过的痕迹。

大概是《十批判书》在学术界影响深广的缘故，毛泽东先后读了五遍。晚年因为视力不好，还特地印了大字本来看。开始，他对郭沫若的《十批判书》也不是全盘否定，只是说其中有的观点是好的，有的有错，思想是尊孔的。

1968年10月31日，毛泽东在中国共产党扩大的八届十二中全会闭幕会上，说到郭沫若的观点和《十批判书》：

拥护孔夫子的，我们在座的有郭老……我这个人比较有点偏，就不那么高兴孔夫子。你那个《十批判书》崇儒反法，在这一点上我也不那么赞成。

此时毛泽东语气平和，还停留在学术观点的争鸣上，所以郭沫若也并未感到有多大压力。

1971年"九一三事件"发生后，情况就有些不同了。1973年5月，中共中央工作会议上，传达了毛泽东关于"要批孔"的指示。就在这一年的下半年，毛泽东一而再、再而三强调他批孔扬秦、扬法抑儒的观点。

1973年5月，毛泽东写了一首五言诗：

> 郭老从柳退，不及柳宗元。
> 名曰共产党，崇拜孔二先。

同年8月5日，毛泽东又让江青记录下他的七律《读〈封建论〉·赠郭老》：

> 劝君少骂秦始皇，焚坑事业要商量。
> 祖龙魂死秦犹在，孔学名高实秕糠。
> 百代都行秦政制，十批不是好文章。
> 熟读唐人封建论，莫从子厚返文王。

毛泽东的《读〈封建论〉·赠郭老》是他扬秦始皇抑孔夫子、扬法抑儒的经典表述。写这首诗的时候，毛泽东已经80岁了。这是他写的最后一首咏史诗，也是他一生中写的最后一首诗。这首诗之所以写给郭沫若，是因为郭老20世纪40年代在重庆写的《十批判书》里面，称赞孔子"是顺应着当时的社会变革的潮流的"。毛泽东不赞同这个观点。对秦始皇历来遭受非议的"焚书坑儒"之事，毛泽东也多有辩护。这些，他都写进了诗中。

毛泽东的《读〈封建论〉·赠郭老》这首诗除了批评郭沫若之外，还有两个隐而不显的批评对象。诗中的"孔学名高实秕糠"句实际上是对着宋代诗人谢涛的《梦中咏史》说的："百年奇特几张纸，千古英雄一窖尘。唯有炳然周孔教，至今仁义洽生民。"而"祖龙魂死秦犹在"句明显针对的就是唐人章碣的《焚书坑》的前两句："竹帛烟消帝业虚，关河空锁祖龙居。"

1973 年 7 月 4 日在和王洪文、张春桥的谈话中，毛泽东对李白描写秦始皇的《古风》一诗做了评价。李白诗云："秦王扫六合，虎视何雄哉！挥剑决浮云，诸侯尽西来。"毛泽东认为这几句写得非常好，因为这是歌颂秦始皇的。"但见三泉下，金棺葬寒灰"，毛泽东认为这几句写得很不好，因为这是讽刺秦始皇的。

"批林批孔"运动的干将江青，跑到北京大学，组织起一班人将郭沫若著作中颂扬儒家的话全部摘录出来，准备印发各地作为批判的靶子。江青这样做，也不是以郭沫若作为首要和终极目标，她心中有更大用意和目标，那就是被她看作最大障碍的周恩来。毛泽东发现了江青想用郭沫若祭刀，立刻加以制止，并明确指示："不能批判郭沫若。"

江青还是组织清华、北大两校"大批判组"（后来取其谐音，以"梁效"署名）连篇累牍地撰写评法批儒的文章。一贯崇儒的北大名教授冯友兰迫于形势，也写了两篇批孔文章。毛泽东知道后，饶有兴趣地叫人拿来给他看。在看完两篇文章后，他对人说："那里面可是指了郭老的名字的，别批郭老啊！"后来这两篇文章在《光明日报》公开发表时，郭沫若的名字和《十批判书》的书名都删掉了。

1974 年 1 月 25 日，江青等人擅自在北京首都体育馆召开了国务院系统近两万人参加的"批林批孔"动员大会。在大会上，江青公然蛮横地点了郭沫若的名。她还引用毛泽东说过"十批不是好文章"的话，把郭沫若叫起来站着，当众侮辱达数分钟之久，这无异于对郭沫若进行了一次声势浩大的批判。

会后，郭沫若拖着疲惫的身躯回到自己前海西街 18 号的家里，他内心沉郁，一句话都不想说。家里人也不知道该怎样安慰他。就在这时，周恩来派人来探望，并对郭沫若的家属、秘书和工作人员说："郭老已经是 80 多岁高龄了，要保护好郭老，保证郭老的安全。"并且传达了认真保护好郭沫若的四条具体措施：第一，郭老身边 24 小时不能离人，要配备专人昼夜值班；第二，要郭老从十多平方米的卧室搬到大房间去住，理由是房子小，氧气少，对老年人身体不利；第三，郭老在家活动的地方，要铺上地毯或胶垫，避免滑倒跌伤；第四，具体工作由秘书王廷芳组织执行，出了问题，由他负责。郭沫若听后激动地连连说："谢谢总理，谢谢总理！"

1 月 25 日的大会是背着政治局召开的，也没有经过毛泽东的同意。毛泽东在知道情况之后，十分生气。他下令扣留江青他们准备发到全国各地的"一·二五"大会实况录音带，使有关批判郭沫若的那些话没有在全国范围内散播。这使郭沫若感到别有一番暖意在心头。

出于对"伟大领袖"的感激，也出于"自觉革命"的要求，他于 2 月 7 日，抱病写了两首题为《春雷》的七律奉呈毛泽东：

> 春雷动地布昭苏，沧海群龙竞吐珠。
> 肯定秦皇功百代，判宣孔二有余辜。
> 十批大错明如火，柳论高瞻灿若朱。
> 愿与工农齐步伐，涤除污浊绘新图。

读书卅载探龙穴，云水茫茫未得珠。

知有神方医俗骨，难排盅毒困穷隅。

岂甘楛栎悲绳墨，愿竭驽骀效策驱。

最幸春雷惊大地，寸心初觉识归途。

郭沫若用回答毛泽东的《读〈封建论〉·赠郭老》的方式，一方面检查、批判自己过去的观点，一方面表白自己重新学习、重新认识的决心。

然而，即便如此，江青一伙还是不甘就此罢休。"一·二五"大会后不久，张春桥和江青先后到郭沫若家里，指责他歌颂孔子骂了秦始皇。江青更是逼他写"批宰相""批大儒"的文章。郭沫若知道那是针对周恩来的，即以沉默表示对抗。江青喋喋不休地纠缠了近三小时，郭沫若五内俱焚，急火攻心，当夜即发高烧，住进了医院。

周恩来知道郭沫若为张春桥、江青所逼，生气而生病住院的情况后，立即指示要精心治疗，并常派自己的医生去医院探望。随后，毛泽东也派人看望郭沫若，并又要去了他写的《读〈随园诗话〉》。这对郭沫若当然是最大的安慰，因为他心里最清楚，就在这本书的《论秦始皇》一节里，他是肯定了秦始皇，并为秦始皇的"焚书坑儒"辩解过。

毛泽东逝世一年以后，郭沫若赋诗怀念毛泽东：

形象思维第一流，文章经纬冠千秋。

素笺画出新天地，赤县翻成极乐洲。

四匹跳梁潜社鼠，九旬承教认孔丘。

群英继起完遗志，永为生民祛隐忧。

毛泽东和高亨

1966 年初，有一首《水调歌头》的词作，曾以手抄的形式，在大江南北广为流传。由于其气势磅礴，豪放雄迈，很多人认为是一代诗词巨匠毛泽东的手笔。全词如下：

掌上千秋史，胸中百万兵。眼底六洲风雨，笔下有雷声。唤醒蛰龙飞起，扑灭魔炎魅火，挥剑斩长鲸。春满人间世，日照大旗红。

抒慷慨，写鏖战，记长征。天章云锦，织出革命之豪情。细检诗坛李杜，词苑苏辛佳什，未有此奇雄。携卷登山唱，流韵壮东风。

在当时，就连对毛泽东诗词深有研究的一些人，也认为是毛泽东的新作，因为此词谈古论今，纵横驰骋，其遣词造句、起承转合，都实在酷似毛泽东已发表的词作的风格了。

曾任中共中央文献研究室副主任、中共中央宣传部副部长、中共中央党校副校长、中央党史研究室常务副主任等职的龚育之，其时虽对此词义不符合毛泽东之口吻而表示怀疑，但也认为"写得有气派，艺术上也是高水准的"，"似也可信"。1966 年 2 月上旬，龚育之在武汉东湖向毛泽东汇报工作的间隙，当面向毛泽东求证。毛泽东哈哈一笑，说："词写得不错嘛！有气势，不知是哪个知识分子写的？"

后来有关部门考虑到这首词流传甚广，关系到领袖，经过一番认真调查，终于弄清了此词的来龙去脉。

原来，此词作者乃当时山东大学的教授高亨。

为了避免以讹传讹，1966年2月18日的《人民日报》在第六版上刊登此词。编辑在排版时做了精心安排，不仅放在右上角的显眼位置、加了粗线条的花边、用了大号字，而且在高亨名字前特加上了"山东大学教授"六字，并且用黑体字加了编者按："1964年初，《文史哲》杂志组织了一次笔谈学习毛主席诗词十首的活动。在笔谈中，作者写了下面这首词，原刊《文史哲》1964年第1期。"

《人民日报》之所以介绍得如此详细，显然有辟谣之意。作者虽得以澄清，但这首词的社会影响却丝毫没有减小，人们谈到毛泽东的诗词，总是忘不了"掌上千秋史，胸中百万兵……"。"文革"初期，此词竟被冠以《读林彪〈人民战争胜利万岁〉有感》的标题，与陈明远的一些诗词一同被冠以"未发表的毛主席诗词"而广泛流传。

山东大学是一所以文史见长的百年名校，曾因有"冯陆高萧"四大学者而名扬世界。冯，指冯沅君；陆，指陆侃如；萧，指萧涤非；高，就是高亨先生。

高亨，又名晋生，是我国著名的古文字学家、先秦文化史研究学者和古籍校勘考据专家。1900年7月29日生于吉林双阳一个小山村。10岁时取名高仙翘，入私塾就读，打下了坚实的国学基础。1918年春，高仙翘考入吉林省立第一师范学校，1922年冬毕业。1923年春，他远离家乡来到北京，入北京弘达学院补习英语，继而转到北京师范大学、北京大学。1925年秋，改名高亨，考入清华大学研究院，师从中国当时第一流的学者梁启超、王国维。梁启超对高亨的毕业论文《韩非子集解补证》颇为赏识，曾说："陈兰甫始把《说文》带到广东，希望你把《说文》带到东北。"并赠给他一副对联："读书要最识家法，行事不须同俗人。"从此，高亨立志遵循清代著名学者高邮王氏的家法，严谨治学，并决心过"读书、教书、写书"的"三书"生活。

1926年秋，高亨从清华大学研究院毕业，被吉林省立法政专门学校聘为教授，开始了终生的教书生涯。两年后转任沈阳东北大学教授。"九一八"事变后随东北大学来到北平。之后又历任河南大学、武汉大学、齐鲁大学、西北大学和湘辉学院教授。1945年8月，在四川三台执教于东北大学，一年后随东北大学迁回光复后的沈阳。自1931年底离开东北奔赴关内，高亨先生足迹遍及大半个中国，辗转流徙，漂无定居，在充满孤独漂泊之感和忧国忧民愁思的日子里，坚持学术研究。他的几部力作如《周易古经通说》《周易古经今注》《老子正诂》《墨经校诠》等，大都完成于这一时期。这几部专著以其内容丰实、考订精当而享誉学界，从而确立了他在现代易学、老学和墨学研究中不可摇撼的地位。

全国解放后，高亨仍从事高校教学工作，1953年任山东大学中文系教授。

1963年10月，中国社会科学院哲学社会科学部第四次委员会（扩大会议）在北京举行。在山东大学任教的高亨教授应邀参加了会议。会议即将闭幕时，他与范文澜、冯友兰等九位国学大家一起，受到毛泽东的亲切接见。当中宣部副部长周扬介绍到高亨先生时，毛泽东一面亲切与他握手，一面风趣地询问："你是研究文学的还是研究哲学的呢？"高先生回答说自己对于古代文学和古代哲学都很有兴趣，但水平有限，没能够做出多少成绩。毛泽东心情很好，说他读过高先生关于《老子》和《周易》的著作，对高先生的成绩给予肯定，还说了些鼓励的话。

这次接见，使高亨激动不已，终生难忘。返回济南后，遂将自己的著作《诸子新笺》《周易古经今注》等 6 种，连同一信，寄周扬副部长转呈毛泽东。

1963 年 12 月，人民文学出版社出版的新版《毛泽东诗词》中，除收有早已流传的 27 首诗词之外，还有初次发表的新作 10 首。山东大学学报《文史哲》编辑部及时组织了一次笔谈学习毛主席诗词的活动，高亨先生积极参加，并填写了那首著名的《水调歌头》。

1964 年第 1 期《文史哲》杂志配合编刊了《笔谈学习毛泽东诗词》的文章和附词一组，其中就有高亨的这首词。这首词一经发表，立即引起共鸣，被传抄吟诵，广为流传。但在传抄中，不少人漏抄作者姓名，这便引出一桩"诗案"。

随后，高亨把这首词连同一张恭贺春禧的短函寄呈毛泽东。大约过了一个月的时间，高亨就收到了毛泽东的回信。全文如下：

高亨先生：

寄书寄词，还有两信，均已收到，极为感谢。高文典册，我很爱读。肃此。敬颂安吉！

毛泽东

一九六四年三月十八日

信封上写道：

青岛山东大学高亨先生　　北京毛寄

毛泽东信中说的"寄书"，就是高亨第一次托周扬转呈的《诸子新笺》等几本书。"寄词"就是第二次寄去的词作《水调歌头》。"还有两信"就是寄书和寄词时附的两封信。"高文典册,我很爱读"两句,是毛泽东对高亨著作的评价。毛泽东显然是把他的著作作为典籍对待了,这个评价是很高的。"肃此"即恭敬地写这封信,这里是谦辞。不过信封上写的"青岛山东大学"有误,因为山东大学在1958年由青岛迁到了济南。毛泽东亲笔题写的"山东大学"校名,便出自于这封信的信封上,现在高悬在山东大学的校门上方。

高亨先生收到毛泽东手书后,十分欣喜,倍加珍重,特制镜框装裱,高悬书房。20世纪70年代初,当北京图书馆征集毛泽东手书时,高亨先生虽十分珍惜,万难割爱,但为顾全大局和永久保藏计,仍欣然应允。

由于种种原因,1966年后,高亨同许多教授一样,被迫停止工作,接受批判和参加体力劳动。1967年8月,在毛泽东的直接关怀下,高亨被借调到北京,先住在中华书局,后又由文化部安排了一个住处,实际上是被保护起来。从此,他离开工作了十几个年头的山东大学。

1986年2月2日晨,高亨先生逝世于北京,终年86岁。

高亨先生的学术著作素以博湛精深著称,其留世的《高亨著作集林》共分10卷,收有《周易古经今注》《周易大传今注》《周易杂论》《老子正诂》《老子注译》《诸子新笺》《庄子今笺》《商君书注译》《墨经校诠》《诗经选注》《诗经今注》《楚辞选》与《上古神话》《文字形义学概论》《文史述林》《文史述林辑补》等,是当之无愧的现代国学大师。

毛泽东评梁漱溟

梁漱溟被称为"中国最后一个儒家"。这位 1988 年逝世的 95 岁高龄的老人，与和他同龄、但先他十几年而逝的开国领袖毛泽东，有着一段非同寻常的交往和必将流传青史的故事。

现代"新儒学"的先驱

梁漱溟是一位学识渊博、著作等身的国学大师。祖籍广西桂林，1893 年 10 月生于北京。原名梁焕鼎，字寿铭。梁漱溟 5 岁发蒙读书，6 岁还不会穿裤子，瘦弱多病而且呆笨。梁漱溟 9 岁时，有一次他积蓄的一小串铜钱不见了，四处寻问，且向人吵闹，也没有找到。隔一天，他的父亲在庭院前桃树枝上发现了这串钱，知道是孩子挂在树枝上遗忘了。父亲并不斥责他，也不喊他来看，只写了一张纸条，大意是：有小儿在桃树下玩耍，偶将一小串钱挂于树枝上而忘之，到处寻问，吵闹不休。次日，其父打扫庭院，见钱悬于树上，乃指示之，小儿始自知其糊涂云云。小梁漱溟看了，马上省悟，跑去一看，一串钱还挂在树枝上，不禁十分羞愧。此事的教益遂长久留在梁漱溟的记忆里，使他此后树立了事事认真的态度。

梁漱溟历经两度私塾，13 岁考入顺天中学，渐渐养成独立思考的习惯。他看到家里的用人天天做饭、洗衣服，很是辛苦，便问她们是否辛苦，而她们都说习惯了，脸上常有知足的笑容。自己家产富足，父母疼爱，不用操任何心，也挑不出任何不满意的地方，但内心却常常感到很烦闷，这是为什么？他为人生问题感到困惑，反复思考，悟出这样一个道理：人生的苦乐不在环境，而在自身，即在主观。其根源是自己的欲望，满足则乐，不满足则苦。第一个欲望满足了，第二个欲望又来了，而欲望是无法全部满足的。

那时北京琉璃厂西门有个"有正书局"，出售上海狄葆贤主编的《佛学丛报》，当时梁漱溟对佛教的大乘、小乘尚不分晓，什么密宗、禅宗也不明白，但见到佛书就买，买回家就读，渐渐地发现自己对人生苦乐的探求与佛学合拍，于是边学边钻，渐渐入了门。

辛亥革命时期，梁漱溟在甄元熙的介绍下，参加了同盟会，在京津支部主办的《民国报》任编辑和外勤记者。他常用的笔名有寿民、瘦民等。有一次，该报总编辑孙浚明为梁写了一幅扇面，上款题"漱溟"二字，梁看后认为孙浚明代拟的笔名很好，甚合心意，从此便以"漱溟"行世。

当时社会的黑暗、官场的污浊，使梁漱溟很快地感到厌倦和憎恶。他辞去了记者工作，在家闲居，专心攻读佛典，从20岁开始长年素食，且不蓄发，俨然一个僧人。

梁漱溟24岁那年，因在《东方杂志》上发表论著《究元决疑论》为蔡元培所赏识，应聘到北京大学主讲印度哲学。当时的北大受蔡元培"思想自由，兼容并包"教育思想的影响，学术空气异常浓厚，新旧不同学术思想都十分活跃。在这种氛围下，梁漱溟在北大发起了东方学及孔子哲学的研究，出版了《东西文化及其哲学》《中国文化要义》等著作，首次运用比较学的方法，对中国、印度和西方三种文化体系产生的历史渊源及不同特点做了全面系统的分析，对儒学在世界文化中的地位及其未来发展趋势和作用进行了大胆预言，因此，被学术界誉为现代"新儒学"的先驱。

梁漱溟从来"不为做学问而做学问",而是善于把冷静的思辨介入复杂的人生哲学,用自己的认知和实践,走寻求解决中国社会问题的人生之路。1924 年,他毅然辞去北大教职,到山东菏泽办高中,又创办了山东乡村建设研究院,发表《中国民族自救运动之最后觉悟》《乡村建设大意》《乡村建设理论》等著作,推行乡村建设运动。1925年任山东省立六中(今菏泽一中)高中部主任。1928 年至 1929 年,担任广东省立第一中学(今广雅中学)校长,他将广雅精神提炼为"务本求实"四个字,并成为延续至今的校训。1931 年,他在邹平创办山东乡村建设研究院。

延安窑洞里的彻夜畅谈

1937 年,"七七"事变后抗战全面爆发。梁漱溟在山东搞了 7 年的乡村建设工作自然就搞不下去了。他作为无党派的社会贤达被邀请参加南京国民党的"参议会"。但随着国民党军队"八一三"抗战失利,日军长驱直入,特别是一些国民党大员,无信心抗日,有的丢弃大片国土,不战而逃;有的不只自己逃难,还把资产、妻儿送往国外,使梁漱溟大失所望,对抗战的前途也很悲观。于是,产生了去延安见见中共领袖毛泽东的念头。

1938 年 1 月,梁漱溟风尘仆仆,只身来到了革命圣地延安。此次延安之行,毛泽东共会见梁漱溟 8 次,每次二人交谈时间都在两小时以上,其中有两次几乎是彻夜长谈。

初次见面,毛泽东就说:"梁先生,我们早就见过面了,您还记不记得?民国七年(1918 年)在北京大学,那时您是大学讲师,我是小小图书管理员。读到您的《究元决疑论》,还蛮佩服您敢于向名人挑战的精神呢！您常来豆腐池胡同杨怀中先生家串门，总是我开大门。后来杨怀中先生病故，我也成了杨家的女婿。"

毛泽东一语唤醒了梁漱溟对往事的回忆，连声说："是的，好记性，有这事，有这事。"

原来，梁漱溟有一位本家兄长名叫梁焕奎，家在湖南湘潭，是当地著名的开明绅士。为了支持维新，培育人才，他曾资助过包括杨怀中在内的一批湖南青年赴日留学，因此被杨怀中尊称为恩师。1917年，为躲避战乱，梁焕奎来到北京，借住在梁漱溟家中。不久杨怀中亦进京，在北大哲学系任教。由于杨怀中经常去探望梁焕奎，遂与梁漱溟结识。二人一见如故，志同道合，情谊日笃，成为忘年之交。此后，梁漱溟每遇到难解之题，不论是白天还是晚间，就去向杨怀中讨教，因而成了杨家的常客。杨怀中，就是毛泽东在湖南一师时的恩师、杨开慧的父亲杨昌济先生。

恰好毛泽东是1918年初到北京，经杨怀中介绍，在北大图书馆谋得一职。毛泽东白天供职兼修习，晚上就住在杨家。梁漱溟每每晚间去杨宅，总见一位高个子青年前来开门揖客，彼此也点头寒暄，但他始终没有打问过对方是谁，更没有想到他就是后来成为开国领袖的毛泽东！然而毛泽东早从杨怀中那里得知这位来客的尊姓大名，并且认真拜读了他的成名作《究元决疑论》，留下非常深刻而良好的印象。

1938年1月，在延安，屋外严寒逼人，屋内温暖如春，毛泽东与梁漱溟彻夜畅谈……

第一次晤谈时，他们谈起了30年前的一些往事，也谈起了抗战以来发生的许多事情。当谈到对时局的看法时，梁漱溟就把近年来自己的所见所闻、心中的迷惘以及此次造访的来意，向毛泽东做了如实的倾诉。他不无忧虑地问道："中国的前途如何？中华民族会亡吗？"

毛泽东一边吸烟，一边耐心地听完了梁漱溟的陈述，然后面带微笑，缓缓地回答道："梁先生，你所见所闻若干情况，大体都是事实。但我的看法，中国的前途大可不必悲观，应该非常乐观。中华民族不会亡的，最终中国必胜，日本必败，只能是这个结局，别的可能性是没有的。"接着毛泽东扳着指头详细分析了战争爆发以来国内外形势的变化，"决定中国前途者不外三方面：一为中国自身；一为敌人方面；一为国际环境。而求中国之胜利，一在中国自身；二在敌人的内溃；三在国际的协助。国际情形，分析起来，已经日益好转。敌人一面，随战事的扩大与延久，而日益暴露其弱点，增其困难。所剩的为中国自身团结问题，两年来已逐步趋向团结。既如此，又何须悲观？抗战的最终结果，中国必胜，日本必败，也是必然的。"

毛泽东这一番条分缕析、入情入理的话，使梁漱溟顿开茅塞，心悦诚服，他无限感慨地说："毛先生，可以这样说，几年来对于抗战必胜，以至如何抗日，怎么发展，还没有人对我说过这样使我信服的话！您今天的谈话，真使我豁然开朗，心中的愁闷一扫而光！"

第一次晤谈，从下午6点一直持续到次日凌晨，因时间太晚，他们约定明晚继续交谈。临别，梁漱溟拿出自己写的《乡村建设理论》，请毛泽东指教。

第二次谈话，也是从下午6点开始，一直谈到次日天明，整整一个通宵，两人谈兴甚浓，欲罢不能。这次谈话的内容是一旦抗战胜利，如何建设一个新中国的问题。在这个问题上，梁漱溟和毛泽东分歧较大。

谈话一开始，毛泽东就拿出梁漱溟送的那本《乡村建设理论》，说："大作拜读了，但看得不细，主要之点都看了。我还从大作中摘出一些结论性的话。概括地说，你的著作对中国社会历史的分析有独到的见解，不少认识是对的。但你的主张总的说是走改良主义的路，不是革命的路。而我认为，改良主义解决不了中国的问题，中国社会需要彻底的革命。革命怎样才能彻底，中国共产党的基本理论，是对中国社会进行阶级和阶级斗争的分析、估计，从这一基本分析、估计而得出的力量对比出发，而确定中国共产党的路线、方针、政策……"毛泽东十分详尽地分析了中国社会的特点，特别是阶级矛盾和阶级斗争的激化问题，并十分突出地强调其作用。

梁漱溟当即争辩说："中国的社会与外国社会不同。在历史上，外国的中古社会，贵族与农民阶级对立鲜明，贵族兼地主，农民即农奴，贫富对立，贵贱悬殊。但中国的中古社会不是这样，贫富贵贱，上下流转相通，有句老话叫：'朝为田舍郎，暮登天子堂；将相本无种，男儿当自强。'中国的社会贫富贵贱不鲜明、不强烈、不固定，因此，阶级分化和对立也不鲜明、不强烈、不固定。这种情况在中国历史上延续了一两千年，至今如此。根据这种分析，我提出了'伦理本位''职业分途'八个字。所谓'伦理本位'是针对西方人'个人本位'而言的。西方人讲自由、平等、权利，动不动就是有我的自由权，个人的权利放在第一位，借此分庭对抗。但中国不是这样，注重的是义务，而不是权利。父慈子孝，还有兄友弟慕，夫妻相敬，亲朋相善，等等，都是'伦理本位'的内容，是指导中国家庭和社会的重要原则，即注重义务，每个人都要认识自己的义务是什么，本着自己的义务去尽自己的责任，孝家庭，也孝社会。所谓'职业分途'，也就是社会分工，你干哪一行，从事哪件工作，就有责任把它做好。人人尽责，做好本行，则社会就稳定、发展……"

毛泽东十分耐心地听完梁漱溟的长篇大论，然后心平气和地说："中国社会有其特殊性，有自己的文化传统，有自己的伦理道德，梁先生强调这些也并没有错。但中国社会却同样有着与西方社会共同的一面，即阶级的对立、矛盾和斗争，这是决定社会前进最本质的东西。我以为梁先生是太看重了中国社会特殊性的一面，而忽略了决定着现代社会性质的共同性即一般性的一面。其理由我再申述之……"

梁漱溟对此不以为然，他十分断然地说："毛先生，恰恰相反，我认为正是您的理论太看重了现代社会共同性即一般性的一面，而忽略了中国社会最基本、最重要的特殊性的一面。我们的分歧，正在这里。"……

两人都不断地、反复地申述自己的观点，相持不下，直至天明，谁也没有说服谁。

在48年后的1986年秋天，毛泽东已经逝世10年，93岁高龄的梁漱溟先生在回顾这次争论时，还心绪激动地说："现在回想起那场争论，使我终生难忘的是毛泽东作为政治家的风貌和气度。他披着一件皮袍子，有时踱步，有时坐下，有时在床上一躺，十分轻松自如，从容不迫。他不动气，不强辩，说话幽默，常有出人意料的妙语。明明是各不相让的争论，却使你心情舒坦，如老友交谈。他送我出门时，天已大亮。我还记得他最后说：'梁先生是有心之人，我们今天的争论可不必先作结论，姑且存留听下回分解吧。'"

其实，1951年梁漱溟写了《何以我终于落归改良主义？》等文章，对10余年前延安窑洞里的争论做了结论。梁漱溟在文中毫无保留地说："若干年来我坚决不相信的事情，竟然出现在我眼前。这不是旁的事，就是一个全国统一稳定的政权竟从阶级斗争中而建立，而屹立在世界的东方。我曾经估计它一定要陷于乱斗混战而没有结果的，居然有了结果，而且结果显赫，分明不虚。"梁漱溟的检讨和反省，虽然没有说清楚自己思想转变的来龙去脉，却在事实面前，承认了对于中国的前途问题，毛泽东的主张是正确的，而自己是错的。

中南海毛泽东家的座上客

新中国成立后，成为开国领袖的毛泽东，没有忘记他的党外老朋友梁漱溟。

1950 年 1 月，重庆解放才两个月，毛泽东和周恩来就电邀身在重庆的梁漱溟来北京，共商国是。当梁漱溟到达北京时，毛泽东和周恩来恰好出访莫斯科。3 月 10 日，毛泽东和周恩来返抵北京，在火车站欢迎的人群中，毛泽东一眼就认出了梁漱溟，他快步走上前去，微笑着紧紧握着梁的手说："梁先生，您也到了北京，我们又见面了。您身体可好？家眷都来了吗？改日到我家做客，长谈，再干一个通宵也成！"

毛泽东老友般的亲切话语，使梁漱溟握着毛泽东的手，激动得一时竟说不出话来。

第二天晚上中央政府举办的宴会上，二人约定次日到中南海颐年堂叙谈。

3 月 12 日下午 5 时许，梁漱溟作为座上客，第一次走进了中南海。毛泽东早在颐年堂院门等候，并由中央政府秘书长林伯渠陪同，三人一同来到会客室。一番简单的寒暄过后，毛泽东就开门见山地征询梁漱溟对国事的意见。一向爽心直口的梁漱溟随口答道："如今中共得了天下，上下一片欢腾。但得天下易而治天下难，这也可算是中国的古训吧。尤其是本世纪以来的中国，要长治久安，不容易啊。"毛泽东摆摆手，笑笑说："治天下固然难，得天下也不容易啊！众人拾柴火焰高。共产党靠大家，大家为国家齐心协力，治天下也就不难了。梁先生这次到了北京，可以参加我们政府的工作了吧？"

毛泽东这最后一句话，是梁漱溟事先没有料想到的，他迟疑了片刻回答说："主席，像我这样的人，如果先摆在政府外边，不是更好吗？"

梁漱溟之所以这样回答，当时有他不便说出的顾虑。他考虑到自抗战结束以来，他一直以"第三方面"的资格，参与国共两党的军事"调停"，为国内和平奔走。现在新中国虽然成立了，但全国大局能不能从此稳定统一下去尚有疑虑。如果今后大局一旦发生变化，仍需要他这样的人出来为国奔走效劳。若一旦参加了新政府，自然便失去了为各方面说话的身份。

梁漱溟的答复，显然令毛泽东面露不悦，但他随即说："那样也好！在新中国，民主党派有许多工作可做。共产党是离不开民主党派的，不参加政府，也有许多工作需要梁先生去做。您可以当全国政协委员，在政协里面，就可以为我党建言献策，可以搞调查研究，可以研究一些国家重大问题。"

听了毛泽东的这番话，梁漱溟便说："到京两个月来，我感觉到近百年来患难中的中华民族可能由中国共产党而开出生机来，但这不过是种感觉，尚未成为一种确切的认识，所以想到国内各地走一走，仔细观察思考一番。"

毛泽东当即同意了梁漱溟的这一请求，并建议他先到山东、河南和东北老解放区看看。

从 1950 年 4 月开始，历时 5 个月，梁漱溟先后参观考察了河南、山东、平原三省农村及东北地区的城市、农村，所到之处，都受到很高的礼遇和盛情的接待，使他备受感动。9 月 23 日，毛泽东约梁漱溟谈话，梁详细汇报了这次考察沿途的所见所闻。联想到梁对中国农村的固有看法，毛泽东发觉这次考察归来梁的思想有所转变，于是建议他再到南方新解放区走走看看。

1951 年 5 月，梁漱溟主动报名参加中央土改工作团，奔赴四川农村。9月3日晚，也就是梁漱溟返京后的第四天，毛泽东即用车把他接进中南海，听取他的意见。

从这之后，毛泽东与梁漱溟的交往日见频繁，几乎每隔一两个月就有一次晤谈，谈论的话题涉及方方面面，谈话的气氛从来都是坦诚而从容的。

然而，1953年在一次会议上，这对老朋友因意见分歧而发生公开冲突，竟使他们的友好关系一去不复返。

毛、梁"九天九地"的争执

1953年9月8日，全国政协常委会召开扩大会议，请周恩来总理作关于过渡时期总路线的报告，梁漱溟作为全国政协委员列席了会议。

9月9日上午在小组讨论会上，梁漱溟发言，谈了自己学习总理报告后的几点体会。后来周恩来找到梁漱溟，希望他能在大会上把他的意见讲一讲。梁漱溟当即答应下来，并连夜做了认真的准备。

9月11日下午，梁漱溟在大会上谈了他对贯彻执行总路线的三点意见，大意是：一、实现国家工业化，不能只注重发展重工业，还要注意相应地发展轻工业、交通运输业等，对此也应列入国家计划。二、完成国家建设计划，靠的是广大群众，因此要重视做好群众工作。工业建设可依靠工会组织，发展农业应依靠农会。但农会土改后已作用渐微，只好靠乡村的党政干部了。而目前乡村干部的作风存在问题很多，须多下教育功夫。三、关于农民问题。进城之后，工作重点转移于城市。近年来，城里的工人生活提高得快，而乡村的农民生活却依然很苦。有人说，如今工人的生活在九天，农民的生活在九地，有"九天九地"之差，这话值得引起注意。搞建设如果忽略或遗漏了农民，那是不相宜的。尤其中共之成为领导党，主要亦在过去依靠了农民，今天要是忽略了他们，人家会说你们进了城，嫌弃他们了，这一问题，希望引起政府重视。

那天的会议，毛泽东没参加，但梁漱溟在会上的发言，却很快被汇报到他那里，引起了他的不满。

第二天，即 9 月 12 日，参加政协常委会扩大会议的人员，列席中央政府的第 27 次会议。会上，毛泽东即席发言说："有人不同意我们的总路线，认为农民生活太苦，要求照顾农民。这大概是孔孟之徒施仁政的意思吧。然须知有大仁政、小仁政者，照顾农民是小仁政，发展重工业、打美帝是大仁政。施小仁政而不施大仁政，便是帮了美国人。我们今天的政权基础，工人农民在根本利益上是一致的，这一基础是不容分裂，不容破坏的！"

毛泽东可能考虑到老朋友的面子，没有点出梁漱溟的名字。但梁漱溟心里明白，批评就是冲着他来的。他觉得这里面肯定有误会，凭着多年老朋友的关系，他要当面找毛泽东把事情说清楚。于是他提笔给毛泽东写了一封信，一是指出毛泽东的批评不当，请予以收回；二是他愿当面向毛泽东复述他发言的内容，以消除误会。

9 月 13 日上午，梁漱溟在会场上将信直接交给毛泽东，毛泽东答应晚上找他谈话。这天晚上怀仁堂举办京剧晚会，二人见面时，离晚会开始只剩下 20 多分钟。急于要澄清问题的梁漱溟见时间不多，便不及细谈直接要求毛泽东解除对他的误会，而毛泽东则坚称梁漱溟是反对总路线之人，只是不言明或不承认而已。二人言语间频频冲突，最后不欢而散。

梁漱溟不肯就此罢休，9 月 16 日再次登上大会讲台为自己申辩，遭到了周恩来和毛泽东的批评。

9 月 17 日，周恩来在大会上作了长篇发言，在周恩来讲话过程中，毛泽东不时插话，言辞激烈。

对于中共领导人的批评，梁漱溟心里十分生气和不服气，在9月18日大会上发言时，梁漱溟视一切于不顾，当场要求发言作答。遗憾的是，会场上一些人不让他再讲下去，他只好求助于毛泽东。梁说，现在我唯一的要求是给我充分的说话时间，同时我也直言，我还想考验一下领导党，想看看毛主席有无雅量。毛泽东说，您要的这个雅量，我大概不会有。梁紧接着说，主席您有这个雅量，我就更加敬重您；若您没有这个雅量，我将失掉对您的尊敬。毛泽东又说，这一点雅量还是有的，那就是您的政协委员可以当下去。这时，已是针尖对麦芒了。梁说，这一点倒无关紧要，我现在的意思是想考验一下领导党，看看党倡导的自我批评是真是假。毛泽东反驳说，对你是实行自我批评吗？不是，是批评。梁还是坚持说，我是说主席有无自我批评的雅量……后来，由于会场气氛紧张，不少与会者大喊，"梁漱溟滚下台"。到了这个时候，毛泽东口气略缓，说，梁先生，你今天不要讲下去了，给你10分钟，好不好？梁即答，10分钟怎么够？希望主席给我一个公平的待遇。会场再次哗然。最后有人提出交付表决。表决时，毛泽东等少数人举手赞同梁漱溟讲话，而大多数人则反对，梁还想再说一句话，会场上立刻有人大呼："服从决定，梁漱溟滚下来！"梁漱溟被轰下了台。

分歧发生后，梁漱溟曾主动提出要闭门思过。他给主持全国政协工作的陈叔通副主席和李维汉秘书长写信，要求请长假，"容我闭门思过"。请示到毛泽东那里，毛泽东并不赞成梁漱溟闭门思过，因此，他没有直接答复。李维汉派人告诉梁漱溟："今后可以这样办：需要出席的会议和活动，通知照发，但参不参加自便。"

晚年毛泽东批示：可惜没有梁漱溟

从 1953 年 9 月后，梁漱溟仍然是全国政协委员，他的工资照发，对他也没有进行任何正式处分。

梁漱溟能主动闭门思过，与何香凝的帮助分不开。梁漱溟几十年后在回顾这段历史公案时曾说："何香凝先生的发言在当时和事后，有三点引起我的注意。第一，在那种场合，她是唯一在发言中明确肯定了我过去是反蒋抗日的。也就是说，我并不是一生中对国家、民族没有做过一件好事的人。何先生说的是事实。那时候，因日寇进攻广西，桂林失守，我们退到贺县百步，我在那里主持民主同盟的发展工作，有许多反蒋抗日的朋友在那里，何先生是大家所敬重的一位。我同她时常见面，对时局的看法亦很相近。第二，她的语气缓和，发言中左一个梁先生，右一个梁先生。这在当时，发言者除毛主席等少数人还时而对我这样称呼外，大多数人都对我直呼其名。第三，她提醒我要闭门改过，补救前途。这是使我醒悟自己不该与毛泽东顶撞的最早的规劝之言。"

"文化大革命"中，由于周恩来的关照，梁漱溟没有成为"反动学术权威"之类的人物被打倒，这可以说是梁漱溟先生之大幸了。但因为他毕生铸就的刚正不阿、敢说敢为、善恶分明的个性，还是有话不吐不快。

1974 年，江青策划了"批林批孔"运动。梁漱溟公开说自己不想批孔，但是可以批林，而且批林不应该批孔，两者根本没有关系。作为当代唯一坚守的儒家，他疾呼孔子有功有过，不可全盘否定。他讲了中国的哲学精神，儒家的精华，明明白白地说，孔子的学说有糟粕更有精华，我们应该给以继承和发展。孔子的"中庸之道""克己复礼"属于学术研究的范畴，不能与政治问题同日而语。连毛主席都说从孔夫子到孙中山，我们应给以科学的总结。

梁漱溟的这篇针锋相对的发言，震动四座，使得批判的那些人将矛头从孔子和林彪身上转向了梁漱溟，持续了七八个月之久，等到最后一次批判他的时候，主持人问他的感想，他说："三军可夺帅，匹夫不可夺志！"并解释说，这是受压力的人说的话，不是得势的人说的话。"匹夫"就是独人一个，无权无势。他的最后一招只是坚信他自己的"志"，什么都可以夺掉他，但就是这个"志"没法夺掉，就是把他这个人消灭掉，也无法夺掉！

梁漱溟的这段解释，使在座的人更加哑然、木然。几天后，上边传下话来说，梁某人是不可改悔的反动分子，跟他纠缠会上他的当，"转移了大方向"。从此，就没有人再与梁漱溟对阵了。

毛泽东和梁漱溟始终没有忘记对方。

1972年12月26日毛泽东生日，梁漱溟把尚未出版的《中国——理性之国》手抄书稿送到中南海，作为祝贺毛泽东生日的寿礼。

1975年9月30日晚，重病中的周恩来总理最后一次出席国庆26周年招待会。当时，毛泽东、周恩来起用邓小平主持党和国家的第一线工作。为了落实党的政策，一批在"文革"中受冲击的老干部、老民主人士、老教授、老专家被邀请出席了这次国庆招待会。当时的中国科学院哲学社会科学部（现在的中国社会科学院）也有许多位知名学者应邀出席了。国庆招待会之后，当时的哲学社会科学部领导小组给毛主席、周总理写了一份简报，反映出席国庆招待会的知名学者的雀跃之情。

毛泽东阅后很高兴，在这份简报上批示："金无足赤，人无完人。名单上的人参加招待会甚好，可惜没有周扬、梁漱溟。"

毛泽东的这个批示，证实了即便1953年之后毛与梁中断了见面长谈，但毛泽东并没有忘记梁漱溟这位特殊的老朋友。

1983年，90高龄的梁漱溟到韶山参观。一见毛泽东故居地地道道的农舍房屋，想起毛泽东世代为农的家庭背景，这位老人的心情犹如打翻了五味瓶，一种发自肺腑的内疚第一次冲击着梁漱溟的心。他突然感悟到是自己首先没有一种让别人批评的"雅量"；没有站在国家"一穷二白"的高度，全盘布局的"雅量"，而在大庭广众之下，再三用话语"逼迫"毛泽东"自我批评"，也太目中无人、意气用事了……

梁漱溟主动对陪同人员谈起当年和毛泽东争论的事，动情地说："当时是我的态度不好，说话不讲场合，使他很为难。我更不应该伤了他的感情，这是我的不对。他的话与事实不大符合，我的言语也是与事实有很大的不符合之处的，这些在争吵时都是难免的，可以理解的，没有什么的。"

说到这里时，老人伤心不已，眼圈儿也红了，他掏出手绢擦了擦眼角的泪水，又说："由于我的狂妄自大、目中无人，全不顾毛主席作为领袖人物的面子，当众与他顶撞，促使他在气头上说了若干过头的话。如果说他当时是意气用事、言语失控，那么也是我的顶撞在先，才有毛主席对我的严厉批评在后。这件事要是发生在蒋介石身上，他底下的特务早就叫梁漱溟拿人头来了。那件事后，我的政协委员照当，生活待遇照旧，也没有受到任何组织处理，我知道那是毛泽东的意思。他已故世了，我感到深深的寂寞……"

梁漱溟最后感叹道："毛主席的思想确实是博大精深，是可学不可及的！"

参考文献

1.《毛泽东选集》（一至四卷），人民出版社，1991

2.《毛泽东文集》（一至八卷），人民出版社，1993—1999

3.《毛泽东早期文稿》，湖南出版社，1990

4.《毛泽东书信选集》，中央文献出版社，1983

5.《毛泽东军事文选》，中国人民解放军战士出版社，1981

6.《毛泽东著作选读》，人民出版社，1986

7.《毛泽东外交文选》，中央文献出版社，世界知识出版社，1994

8.《毛泽东新闻工作文选》，新华出版社，1983

9.《毛泽东农村调查文集》，人民出版社，1982

10.《毛泽东著作专题摘编》，中央文献出版社，2003

11.《毛泽东诗词对联辑注》，湖南文艺出版社，1991

12.《毛泽东谈文说艺实录》，长江文艺出版社，1992

13.《毛泽东一九三六年同斯诺的谈话》，人民出版社，1979

14.《毛泽东自传》，解放军文艺出版社，2001

15.《毛泽东同志八十五诞辰纪念文集》，人民出版社，1979

16.《怀念毛主席》，山西人民出版社，1978

17.《缅怀毛泽东》，中央文献出版社，1993

18.《最好的怀念》，红旗出版社，1984

19.《毛泽东的旗帜飘万代》，解放军文艺出版社，1977

20.《毛泽东读文史古籍批语集》，中央文献出版社，1993

21.《毛泽东与中国历史文化》，河北人民出版社，1993

22.《毛泽东遗物事典》，红旗出版社，1996

23. 逄先知、金冲及:《毛泽东传》，中央文献出版社，2004

24. 金冲及:《毛泽东传》，中央文献出版社，1996

25. 马连儒、柏裕:《毛泽东自述》，人民出版社，1996

26. 郭金荣:《毛泽东的晚年生活》，教育科学出版社，1993

27. 熊向晖:《在历史的注脚——回忆毛泽东、周恩来及四老帅》，中共中央党校出版社，1995

28. 孙宝义、刘春增、邹桂芝:《毛泽东的读书人生》，中央文献出版社，2006

29. 龚育之、逄先知、石仲泉:《毛泽东的读书生活》，三联书店，1986

30. 龚周忠、唐振南、夏远生:《毛泽东回湖南纪实》，湖南出版社，1993

31. 龚国基:《毛泽东与诗》，中国文联出版公司，1998

32. 龚国基:《毛泽东与中国古代诗人》，中央文献出版社，2003

33. 赵志超:《毛泽东和他的父老乡亲》，湖南文艺出版社，1992

34. 于俊道、李捷:《毛泽东交往录》，人民出版社，1991

35. 李锐:《毛泽东早年读书生活》，万卷出版公司，2005

36. 李锐:《庐山会议实录》，河南人民出版社，1994

37. 蔡清雷、吴万刚、黄辉映:《毛泽东与中国古今诗人》，岳麓书社，1999

38. 胡为雄:《诗国盟主毛泽东》，当代中国出版社，1996

39. 张学新、王之望:《毛泽东文艺思想与实践大观》,天津人民出版社,1993

40. 赖传珠:《古田会议前后,星火燎原选编(一)》,中国人民解放军战士出版社,1977

41. 牛克伦:《回忆毛主席,熔炉》,人民文学出版社,1977

42. 王行娟:《贺子珍的路》,作家出版社,1985

43. 李衍柱、李戎:《毛泽东文艺思想概论》,山东文艺出版社,1991

44. 胡小林、于云才:《毛泽东的学习思想与实践》,山东人民出版社,2003

45. 盛巽昌:《毛泽东眼中的历史人物》,上海辞书出版社,2005

46. 盛巽昌:《毛泽东与三国演义》,广西人民出版社,1997

47. 陈锋、王翰:《毛泽东瞩目的现代名流》,长江文艺出版社,2003

48. 吴冷西:《忆毛主席》,新华出版社,1995

49. 张启华:《读懂毛泽东》,四川人民出版社,2001

50. 许兴全:《毛泽东与孔夫子》,人民出版社,2003

51. 许全兴:《为毛泽东辩护》,当代中国出版社,1996

52. 陶永祥:《毛泽东笔下的诗文典故》,中央文献出版社,2004

53. 王宝琮、卢玉珂:《毛泽东著作典故集注》,中国工人出版社,1992

54. 陈钧:《毛泽东选集典故》,中国广播电视出版社,1992

55. 陈晋:《文人毛泽东》,上海人民出版社,2005

56. 陈晋:《毛泽东与文艺传统》,中央文献出版社,1992

57. 陈晋:《毛泽东读书笔记解析》,广东人民出版社,1996

58. 陈晋:《毛泽东之魂》,中央文献出版社,1997

59. 萧三:《毛泽东同志的青少年时代和初期革命活动》,中国青年出版社,1980

60. 邹兆辰:《毛泽东对历史的考察》,首都师范大学出版社,1995

61. 赵以武:《毛泽东评说中国历史》,广东人民出版社,2001

62. 汪澍白:《毛泽东思想的双重渊源》,厦门大学出版社,1993

63. 汪澍白等:《毛泽东早期哲学思想探源》,中国社会科学出版社,1983

64. 叶永烈:《毛泽东之初》,作家出版社,1993

65. 张贻玖:《毛泽东读史》,中国友谊出版公司,1991

66. 张贻玖:《毛泽东和诗》,中央文献出版社,1998

67. 张贻玖:《毛泽东评点唐诗三百首》,中国档案出版社,中共中央文献出版社,1999

68. 刘济昆:《毛泽东兵法》,巴蜀书社,1996

69. 樊昊:《毛泽东和他的顾问》,人民出版社,1993

70. 石玉山:《毛泽东怎样读书》,中国大百科全书出版社,1991

71. 刘光荣:《毛泽东的人际艺术》,中共中央党校出版社,1992

72. 中共中央文献研究室编:《毛泽东诗词集》,中央文献出版社,1996

73. 刘建国等:《韶山的昨天与今天》,湖南文艺出版社,1993

74. 王凡、东平:《特别经历——十位历史见证人的亲历实录》,中共党史出版社,2007

75. 张恩和、张洁宇:《长河同泳——郭沫若和毛泽东的友谊》,华文出版社,2002

76. 臧克家:《毛泽东诗词鉴赏》,河北人民出版社,1996

77. 傅德岷、邓洪平:《毛泽东诗词鉴赏》,四川人民出版社,2001

78. 陈廷一:《毛氏三兄弟》,东方出版社,2004

79. 毕桂发:《毛泽东评说文人墨客》,解放军出版社,2004

80. 毕桂发:《毛泽东批阅古典诗词典赋全编》,中国工人出版社,1997

81. 时鉴:《听毛泽东讲中国》,红旗出版社,2003

82. 王凤贤:《毛泽东与中国传统文化》,安徽人民出版社,1996

83. 薛泽石:《跟毛泽东学史》,红旗出版社,2000

84. 吴宜、温宪祝:《毛泽东读书与写文》,中共中央党校出版社,1993

85. 龙剑宇:《毛泽东家世》,人民出版社,1996

86. 龙剑宇、胡国强:《毛泽东的诗歌人生——从韶山冲到中南海》,中央文献出版社,2004

87. 王兴国:《毛泽东与佛教》,中国书籍出版社,2002

88. 毛新宇:《爷爷毛泽东》,国防大学出版社,2003

89. 何显明:《超越与回归——毛泽东的心路历程》,学林出版社,2002

90. 黄丽镛:《毛泽东读古书实录》,上海人民出版社,1994

91. 付健舟:《毛泽东诗词全集详注》,伊犁人民出版社,1999

92. 柳文郁:《毛泽东评点古今诗书文章》,红旗出版社,1994

93. 董边等:《毛泽东和他的秘书田家英》,中央文献出版社,1989

94. 张素华等:《说不尽的毛泽东》,辽宁人民出版社,1995

95. 华英:《毛泽东的儿女们》,中外文化出版公司,1989

96. 侯俊智、刘佳:《书山有路——毛泽东风采》,新华出版社,2003

97. 马清福:《毛泽东妙评古代文史哲》,辽宁画报出版社,2001

98. 戴木才:《毛泽东人格》,江西人民出版社,2001

99. 曹英:《震撼共和国的大阴谋》,团结出版社,1993

100. 朱正明等:《在毛泽东身边》,山西人民出版社,1993

101. 王子今:《毛泽东与中国史学》,中共中央党校出版社,1993

102. 董学文:《毛泽东和中国文学》,春风文艺出版社,1994

103. 宋贵文:《毛泽东与中国文艺》,人民出版社,1993

104. 彭德怀:《彭德怀自述》,人民出版社,1998

105. 聂荣臻:《聂荣臻回忆录》,解放军出版社,1983

106.《王震传》,当代中国出版社,1999

107. 埃德加·斯诺:《西行漫记》,三联书店,1979

108. 施拉姆:《毛泽东》,红旗出版社,1988

109. 杨伯峻:《孟子译注》,中华书局,1980

110. 杨伯峻:《论语译注》,中华书局,1980

111. 蒋南华:《荀子全译》,贵州人民出版社,1995

112.《诗经研究丛刊(第五辑)〈毛公后裔今何在〉》,学苑出版社,2003

113. 释传正、释妙峰:《关于禅的研究与探讨》,中国社会科学出版社,2004

114.《梁启超全集》,北京出版社,1999

115. 张恒俊:《论儒家文化与青年毛泽东》,湖南工业大学学报,2009,14(3)

116. 程林辉：《毛泽东与儒家人生哲学》，青海社会科学，2008，（5）

117. 王兴国：《成年毛泽东与儒学》，湘潭大学学报，2005，（3）

118. 王淑萍：《孔子的大同施政思想及其对毛泽东的影响》，南都学坛，2003，23（4）

119. 王思涛、孔翠萍：《论毛泽东对儒家思想的扬弃》，河海大学学报（哲学社会科学版），2004，6（4）

120. 缪德阳：《毛泽东群众路线对儒家民本思想的扬弃》，湖南科技大学学报（社会科学版），2008，11（3）

121. 季荣臣：《儒家"内圣外王"之道对青年毛泽东人格的影响》，党的文献，2007，（1）

122. 黛素芳：《儒家生死哲学与毛泽东的生死观》，齐齐哈尔大学学报（哲学社会科学版），2001，（5）

123. 余画洋：《老子的"道"、"德"与毛泽东的哲学》，中南大学学报（社会科学版），2010，16（3）

124. 林源：《老子哲学与毛泽东的矛盾辩证法》，江苏社会科学，2001，（6）

125. 陈锦松：《毛泽东对老子中哲学命题的发展与升华》，西北民族大学学报，2006，（6）

126. 陈锦松：《老子和毛泽东哲学中关于转化的辩证思想》，上海第二工业大学学报，2007，24（2）

127. 笑人：《毛泽东读〈老子〉实录》，党史文汇，2002，（8）

128. 高成：《毛泽东军事辩证法思想与老子的兵学思想渊源》，毛泽东思想研究，2006，23（2）

129. 李艳：《先秦道家哲学与毛泽东辩证法思想》，毛泽东思想研究，2004，21（2）

130. 罗绂成：《浅谈毛泽东诗词中的"鲲鹏"意象》，安徽文学评论研究，2007，（11）

131. 哈斯朝鲁：《从〈祭母文〉看佛教对早年毛泽东的影响》，毛泽东思想研究，2006，（4）

132. 牛崇辉：《毛泽东与五台山僧人》，湖南党史，2000，（4）

133. 陈喜荣：《试析毛泽东主观能动性思想的儒、道、佛思想渊源》，福建省委党校学报，2005，（12）

134. 曹固强：《毛泽东和达赖交往内幕》，成功（教育版），2008，（5）

135. 张铁军：《毛泽东谈禅宗六祖慧能》，党的文献，2007，（6）

136. 游和平：《毛泽东眼中的佛教文化》，中国粮食经济，2008，（8）

137. 毛国庆：《毛泽东与佛教》，黑龙江省社会主义学院学报，2006，（3）

138. 檀庆双：《毛泽东与佛教文化》，忻州师范学院学报，2002，18（5）

139. 秦亚红：《毛泽东与五台山》，五台山，2006，（9）

140. 张强：《少年毛泽东的佛教信仰》，世界宗教文化，2004，（1）

141. 熊华源：《毛泽东究竟何时读的〈孙子兵法〉》，党的文献，2006，（3）

142. 谷峰：《毛泽东在何时读了〈孙子兵法〉的探析》，毛泽东思想研究，2002，（3）

143. 邵平桢：《孙子〈计篇〉与毛泽东〈论持久战〉比较研究》，毛泽东思想研究，2003，20（2）

144. 肖茜熔、朱方长：《中国古代兵家辩证法对毛泽东哲学思想的影响》，科技创新导报，2010，（9）

145. 卢秀华：《毛泽东对〈孙子兵法〉的辩证法思想的批判继承》，

光明网

146. 王君:《"古为今用"与毛泽东军事思想的创立》,佳木斯大学社会科学学报,2008,26(1)

147. 魏天顺、齐德学:《书生成于统帅——毛主席用兵,真如神》,党史信息报,2007-10-17

148. 徐焰:《四渡赤水出奇兵——到底奇在哪里》,党史信息报,2006-11-29

149. 王子今:《毛泽东论析秦始皇》,百年潮,2003,(10)

150. 丁毅:《"我们是他生命长存的见证人"——毛泽东谈屈原》,党的文献,2006,(4)

151. 孙业礼:《"吏不得人,则法不得行"——从毛泽东评王安石变法说起》,党的文献,2005,(6)

152. 徐祝林:《化用情中韵豪放意精新——毛泽东诗词化用唐诗的艺术管窥》,当代文坛,2010,(4)

153. 张志忠:《毛泽东的李杜论和唐诗观》,党史文汇,2008,(12)

154. 毛炳汉:《毛泽东酷爱屈原〈楚辞〉及其原因》,湖南社会科学,2003,(1)

155. 牟玉亭:《毛泽东与〈诗〉〈骚〉》,西华师范大学学报(哲学社会科学版),2006,(2)

156. 熊劲松:《从两首论史词作看范仲淹对毛泽东的深刻影响》,范仲淹研究文集,1996,(3)

157. 熊劲松:《毛泽东论范仲淹》,湖南科技大学学报,2009,12(5)

158. 徐中远:《毛泽东读红楼梦》,党的文献,1994,(1)

159. 艾丽辉:《毛泽东与中国四大古典名著》,南都学坛,2004,24(3)

160. 陈晋:《"务虚"之用——从毛泽东批注李世民的工作方法说起》,党的文献,2007,(4)

161. 马莉:《毛泽东十一次谈屈原及其作品》,世纪桥,2009,(10)

162. 牟玉亭:《毛泽东与〈诗经〉》,深圳大学学报,2008,25(6)

163. 刘汉民:《毛泽东与〈昭明文选〉》,荆州师专学报,1998,(3)

164. 陈延嘉:《毛泽东的〈昭明文选〉情结》,名家,2000,(1)

165. 高玉昆:《毛泽东与唐诗艺术》,国际关系学院学报,2004,(2)

166.《毛泽东与陈毅同志谈诗的一封信》,文艺报,1978,(1)

167.《毛泽东提倡读三部中国小说》,山西日报,1984-01-09

168. 薄一波:《回忆片断》,人民日报,1981-12-26

169. 孟祥中:《毛泽东与中国古典小说》,文史哲,1993,(6)

170. 王学坚:《毛泽东与中国古典小说》,昌潍师专学报(社会科学版),1996,(1)

171. 黎建明:《毛泽东与湘剧》,艺海,2009,(3)

172. 孙琴安:《毛泽东与冯友兰的交往》,成功,2008,(2)

173. 沈素珍:《毛泽东与哲学大家冯友兰的故事》,情系中华,2007,(7)

174. 谢保成:《郭沫若与20世纪学术文化》,郭沫若学刊,2002,(1)

175. 孙琴安、李师贞、岳洪治:《毛泽东与文化名人》,人民日报·海外版,2003-12-24

176. 黄禹康:《毛泽东与郭沫若半个多世纪的交往》,文史春秋,2009,(5)